*Kiel – Kleine Stadtgeschichte*

*Manuela Junghölter*

# Kiel

## *Kleine Stadtgeschichte*

VERLAG FRIEDRICH PUSTET
REGENSBURG

**UMSCHLAGMOTIVE**
vorne: Blick auf Kiel vom Rathausturm gesehen (Ostseite). Bildpostkarte, um 1910 (akg-images)
hinten: Faltbrücke über die Hörn im Hafen von Kiel (Fotolia / Wolfgang Jagstorff)

**BIBLIOGRAFISCHE INFORMATION DER DEUTSCHEN NATIONALBIBLIOTHEK**
Die Deutsche Nationalbibliothek verzeichnet diese Publikation in der Deutschen Nationalbibliografie; detaillierte bibliografische Daten sind im Internet über http://dnb.dnb.de abrufbar.

**ISBN 978-3-7917-2745-5**

Reihen-/Umschlaggestaltung und Layout: Martin Veicht, Regensburg
Satz: Vollnhals Fotosatz, Neustadt a. d. Donau
Druck und Bindung: Friedrich Pustet, Regensburg
Printed in Germany 2016

Diese Publikation ist auch als eBook erhältlich:
eISBN 978-3-7917-6072-8 (epub)

Weitere Publikationen aus unserem Programm finden Sie auf www.verlag-pustet.de
Kontakt und Bestellungen unter verlag@pustet.de

# Inhalt

# *Vorwort*

Mit Kiel, der Stadt an der Förde, verbinden sich Begriffe wie Meer, Schiffe und Segeln, aber auch frische Luft, Wind und Kieler Sprotte. Und in der Tat, Kiels größtes Pfund ist sein direkter Zugang zur Ostsee. Die Stadt lebt am, vom und mit dem Meer. Sie hat sich als Standort für Schiffbau, für Wissenschaft und Forschung, als Kreuzfahrt- und Fährhafen sowie als Mekka für Wassersportler ihren Platz im Reigen der deutschen Städte erkämpft. Auf der aktuellen Größenrangliste der Groß- und Mittelstädte in Deutschland belegt Kiel derzeit den 30. Platz. Die Stadt gehört nicht zu den ältesten, vielleicht auch nicht zu den historisch bedeutsamen und schon gar nicht zu den glamourösesten Städten in Deutschland, sie hat sich aber solide, ehrlich und schnörkellos durch die Höhen und Tiefen ihrer mehr als 770-jährigen Geschichte gearbeitet und sich dabei immer wieder neu erfinden müssen.

Die frühe Ansiedlung auf der Halbinsel in der Kieler Förde war strategisch günstig und für Feinde kaum einsehbar und ermöglichte der Stadt eine langsame, aber kontinuierliche Entwicklung. Der Ostseehafen spielte während seiner Hansezugehörigkeit durchaus eine Rolle im mittelalterlichen Wirtschaftsverbund, wenn auch immer im Schatten Lübecks. Mit der Universität erhielt Kiel 1665 einen Entwicklungsschub als Wissenschafts- und Forschungsstandort. Die Universität stand zwar in ihrer Geschichte mehrfach vor dem Aus, konnte aber immer wieder gerettet werden und feierte im Jahr 2015 ihr 350. Jubiläum. Fünf Nobelpreisträger kann die Hochschule vorweisen. Vor allem die Meeresforschung erlangt weltweit Anerkennung mit ihren Forschungsschiffen und Expeditionen.

Kiel stand mehrfach im Zentrum der Geschichte. Ein späterer Zar erblickte im Kieler Schloss das Licht der Welt, der Kieler Frieden wurde hier geschlossen und der Kieler Matrosenaufstand fegte die Monarchie hinweg.

In Kiel sind Erfindungen gemacht worden, ohne die die Schifffahrt heute nicht so sicher, ohne die das Autofahren nicht so komfortabel, ohne die das Sehen nicht so angenehm und ohne die die moderne Kommunikation heute nicht denkbar wären.

Der Status als Reichskriegshafen war sowohl ein Segen, ermöglichte er doch eine rasante Entwicklung zur Großstadt, sicherte Arbeitsplätze und brachte den Schiffbau voran, als auch Fluch, denn Kiel war in den beiden Weltkriegen schwer von Zerstörung und Leid getroffen und lag am Boden. Dabei ging viel von seinem historischen Erbe verloren, mehr als in manch anderer Stadt. Zweimal hatte Kiel das Glück, dass seine Oberbürgermeister die Weichen für den Wiederaufbau mit Weitblick und Geduld gestellt haben.

Auch mit dem Segeln ist Kiel eng verbunden. Das nach wie vor größte Segelereignis der Welt, die Kieler Woche, findet hier statt, im Jahre 2015 zum 121. Mal in ihrer insgesamt 133-jährigen Geschichte. Zurückgreifend auf diese Erfahrungen konnte die Stadt bereits zweimal die Segelolympiade ausrichten und ihr Organisationstalent unter Beweis stellen. Beste Voraussetzungen also, um einen dritten Anlauf zur Ausrichtung der Segelolympiade 2024 zu starten.

Kiel hat in seiner Geschichte eine durchaus wechselvolle, ja sogar stürmische Entwicklung genommen und sich immer mit Mut und Tatkraft den Herausforderungen gestellt. Im Hinblick auf die vielen angestoßenen Projekte wird das auch in Zukunft so sein.

Das vorliegende Buch ist ein Versuch, dem geneigten Leser einen Überblick über die Kieler Stadtgeschichte zu vermitteln, angereichert mit Anekdoten, Biografien und Hintergrundinformationen, die es in dieser Zusammenstellung und Kompaktheit noch nicht gibt. Die Erfahrungen aus langjähriger Stadtführerschaft waren dabei sehr hilfreich und sind an mancher Stelle mit eingeflossen. Allerdings konnte nicht jeder Aspekt berücksichtigt und nicht jedes Detail hervorgehoben werden – das hätte den vorgegebenen Rahmen gesprengt. Das »Wissen für die Tasche« kann und soll aber dazu animieren, sich selbst auf einen Rundgang zu begeben und die Orte der Kieler Geschichte zu besuchen. Bisweilen erschließt sich der Reiz der Stadt erst auf den zweiten Blick; den hat sie aber ganz sicher verdient. Und vielleicht kann dieses Bändchen auch dazu beitragen, dass sich der eine oder andere Leser von der Stadt an der Förde begeistern lässt – zusammen mit der Autorin, die sich nicht nur darüber freut, hier geboren zu sein, sondern auch darüber, dort zu wohnen, wo andere Urlaub machen.

An dieser Stelle noch ein herzlicher Dank an meine geschätzten Kollegen Birte Gaethke und Uwe Trautsch für ihre Korrekturarbeit und ihre zahlreichen Anregungen.

Kiel, im Herbst 2015, Manuela Junghölter

# Aller Anfang ist schwer

## Eiszeit und erste Besiedelung

Während der letzten Eiszeit, vor etwa 20 000 Jahren, bedeckte ein 200 bis 400 m dicker Eispanzer die Region des heutigen Schleswig-Holstein, der nach dem Abschmelzen die Küstenlandschaft so geformt hat, wie wir sie heute vorfinden. Die Förden und Buchten der Küsten zeichnen die Schmelzwasserrinnen nach. Die aufgeworfenen Fels- und Gesteinsformationen, die die Gletscher zurückgelassen haben, sind heute als liebliche Hügellandschaft zu erleben. Um Kiel herum gab es ausgedehnte Waldgebiete, den »Isarnho«, den eisernen Wald. Auch der 17 km tiefe Landeinschnitt der Kieler Förde ist Relikt aus dieser Zeit. Durch seine Wassertiefe zwischen acht und 20 m konnten die Schiffe bis weit hinein in das südliche Ende der Förde vordringen und dort Schutz vor Feinden und Wetter finden.

Bereits ab 6500 v. Chr. sind ur- und frühgeschichtliche Besiedelungsspuren nachweisbar, aber erst nach den Völkerwanderungen ordnete sich das Gebiet nördlich der Elbe neu. Während Teile der Angeln und Sachsen ihre angestammten Siedlungsgebiete verließen und nach Britannien übersetzten, ließen sich die Wenden in Wagrien, dem Landstrich zwischen Lübecker Bucht und Kieler Förde, nieder. Trotz aller Wanderungsbewegungen blieb Nordelbien allerdings dünn besiedelt. Nachdem Kaiser Karl der Große (747–814) unter anderem die Sachsen zum Christentum bekehrt hatte, weiteten diese ihr Herrschaftsgebiet auch auf Stormarn, Holstein und Dithmarschen aus. Die weitere Missionierung wurde im 9. Jahrhundert n. Chr. vom Benediktinermönch Ansgar, dem Apostel des Nordens, vorangetrieben. Die Trennlinie zwischen heidnischen Wenden im Osten und christlichen Sachsen im Westen bildete der Limes Saxoniae, den Erzbischof Adam von Bremen (vor 1050–81) 1070 erstmals erwähnt. Der Limes Saxoniae ist allerdings nicht mit dem römischen Limes zu vergleichen, der heute noch teilweise als Bauwerk mit Wallanlagen, Gräben und Gebäuderesten erhalten ist; vielmehr ist er eher als unwegsamer Grenzwaldstreifen zu verstehen. Und auch der immer wieder nach Süden ausgreifende Einflussbereich der Dänen im Norden war nicht zu unterschätzen. Diese territorialen Gegebenheiten bildeten die Ausgangslage für die Herrschaft der Grafen von Schauenburg, die 350 Jahre andauern und der Region nördlich der Elbe ihren Stempel aufdrücken sollte.

## Edle Herren von Schauenburg

Im Jahr 1111 n. Chr. belehnte der Sachsenherzog Lothar von Supplinburg, der zwischen 1125 und 1137 auch deutscher Kaiser war, Graf Adolf I. von Schauenburg (1106–30) mit den Grafschaften Holstein und Stormarn. Als Statthalter Lothars kam ihm die Aufgabe zu, die Gebiete nördlich der Elbe zu kolonisieren und zu entwickeln. Dafür verließ Adolf I. seine Heimat, das Schauenburger Land zwischen Rinteln und Hameln; ihm folgten auswanderungswillige Kolonisten aus den Niederlanden, Flamen, Westfalen und aus dem Kehdinger Land südlich der Elbe, die in der Neuansiedlung für sich und ihre Familien eine Chance sahen.

Diese große Aufgabe brauchte allerdings länger als ein Menschenleben, und so setzte Graf Adolf II. (1128–64), der frühzeitig die Nachfolge seines Vaters antreten musste, die Kolonisationspolitik seines Vaters fort. In seine Regierungszeit fiel vor allem die Gründung der großen Fernhandelszentren Hamburg und Lübeck. In der Zwischenzeit folgte auf Lothar der Welfenherzog Heinrich der Löwe (1129–95) als Lehnsherr der Schauenburger Grafen, der einen Kreuzzug gegen die heidnischen Wenden plante. Er ließ sich durch Adolf II. von diesem Vorhaben auch nicht abbringen, und so folgte der treue Graf seinem Lehnsherrn eher unwillig in diesen Kreuzzug. 1164 verlor er in der Schlacht am Kummerower See sein Leben. Heinrich und Adolf verband wohl eine tiefere Freundschaft, denn die Trauer Heinrichs des Löwen über den Tod seines Weggefährten war so groß, dass er ihn neben dessen Vater Graf Adolf I. im Mindener Dom beisetzen ließ.

Auch mit dem Nachfolger Graf Adolf III. (1160–1225) hatte Heinrich der Löwe zunächst einen getreuen Gefolgsmann, der sich aber 1180 dem Stauferkaiser Friedrich I. Barbarossa (1122–90) anschloss. Die Streitigkeiten zwischen Staufern und Welfen endeten mit dem Sturz Heinrichs des Löwen. In das so entstandene Machtvakuum hinein wagten der Dänenkönig Knut VI. und kurze Zeit später sein Bruder und Nachfolger Waldemar II. eine Ausdehnung des dänischen Einflussgebietes über die Eider bis zur Elbe nach Süden. Dem musste aus Sicht der Schauenburger Einhalt geboten werden, aber Graf Adolf III. verlor 1201 nicht nur die Schlacht gegen den Dänenkönig bei Stellau (Kellinghusen), sondern musste auch auf seine Grafschaften Holstein und Stormarn verzichten und zog sich auf den Familiensitz im Schauenburger Land zurück. Waldemar II. schaffte es Jahre später sogar, dass der Stauferkönig Friedrich II. offiziell die Abtretung der eroberten Gebiete anerkannte. Dieser Umstand ging Ende des 19. Jahrhunderts unter Historikern als »Schande von 1214« in die Geschichtsbücher ein.

Bevor Graf Adolf IV. (1205–61) die legitime Nachfolge seines Vaters als Herr über Holstein, Stormarn und Dithmarschen antreten und den Landausbau nördlich der Elbe voranbringen konnte, musste er zunächst die verloren gegangenen Gebiete zurückgewinnen. Dies sollte ohne kriegerische Auseinandersetzung geschehen, jedoch nicht ohne eine gewisse Raffinesse: 1223 wurde sein Widersacher, Dänenkönig Waldemar II., auf der dänischen Insel Lyö bei einer Nacht- und Nebelaktion gefangengenommen und zwei Jahre in Geiselhaft gehalten. Im Austausch für seine Freiheit sollte er seinerseits auf Holstein und zusätzlich auch auf Schleswig verzichten. Graf Adolf wollte sich aber nicht nur auf den Ausgang der Verhandlungen verlassen, sondern seiner Position mehr Nachdruck verleihen und Tatsachen schaffen. Er suchte eine erste Entscheidung, als er den Lehnsmann und Neffen des dänischen Königs, Albrecht von Orlamünde, 1225 bei Mölln schlug. Trotz der Freilassung Waldemars 1226 kehrte aber keine Ruhe ein, und so kam es am 22. Juli 1227 bei Bornhöved zur alles entscheidenden Schlacht, einer Schlacht, die das Schicksal Holsteins endgültig klärte und den Gründungsmythos Kiels hervorbrachte.

## Schlacht bei Bornhöved 1227

An jenem Tag wogte das Kriegsgeschehen hin und her. In den verschiedenen Überlieferungen heißt es, dass Adolfs Truppen ins Hintertreffen geraten waren und zudem noch von der Sonne geblendet wurden. Der Graf kniete nieder zum Gebet und erbat Beistand von der heiligen Maria Magdalena, deren Ehrentag am 22. Juli war. Er gelobte sinngemäß: Wenn er diese Schlacht gewinne, werde er eine Stadt gründen, dazu ein Kloster, und er werde allem Weltlichen entsagen und als Mönch in dieses Kloster einziehen. Seine Gebete wurden erhört, denn die Heilige legte ihren Schleier in Form von Wolken vor die blendende Sonne. Der Dänenkönig Waldemar II. wurde vernichtend geschlagen, und es geschah, wie Adolf IV. es gelobt hatte. Mit dem Ausgang der Schlacht konnte er seine Grafschaft Holstein zurückgewinnen und den von seinen Vorvätern begonnenen Landesausbau zur Sicherung seiner Macht fortsetzen.

## Planmäßige Anlage der Altstadthalbinsel und Verwaltung

Graf Adolf IV. agierte bei der Kolonisation der Gebiete Nordelbiens politisch geschickt. Für den Landesausbau, die Anbindung an das Fernhandelsnetz und die erforderlichen Stadtgründungen als Markt-und Handelszentren band er sowohl die Ritterschaft vor Ort als auch die ihm treuen Heerführer ein, um die Besiedelung voranzubringen. Bevor überhaupt neue Kolonisten angeworben werden konnten, mussten das Land gerodet, Sümpfe trocken gelegt, Wege angelegt und Grundstücke ausgewiesen werden. Während im 12. Jahrhundert nur zwei Städte, nämlich Hamburg und Lübeck, gegründet wurden, kamen unter Adolf IV. sechs weitere dazu: Oldenburg, Plön, Itzehoe, Oldesloe, Kiel und Neustadt.

## GRAF ADOLF IV. – VORBILD DER TUGEND UND GRAUER MÖNCH

Adolf IV. (1205–61) war verheiratet mit Heilwig zur Lippe (1200–48), mit der er drei Kinder hatte: die beiden Söhne Johann I. und Gerhard I. sowie die Tochter Mechthild, die er zur Befriedung des Verhältnisses mit Dänemark, mit dem Sohn seines einstigen Gegners, Abel von Schleswig, verheiratete. Adolfs Dankbarkeit über den Ausgang der Schlacht von Bornhöved war so groß, dass er seinem Gelübde entsprechend die Macht 1239 an seine noch minderjährigen Söhne abgab, ihnen jedoch aus der weltlichen Abgeschiedenheit des Klosters heraus mit Rat und Tat zur Seite stand. Nach einer Wallfahrt nach Rom wurde er als Bettelmönch des Franziskanerordens geweiht, lebte vorübergehend im Hamburger Konvent, bis er 1244 in das von ihm gestiftete Kloster der heiligen Maria-Magdalena in Kiel einzog. Als Bruder Adolf musste er sich zukünftig alles Nötige für das Leben erbetteln. Als er einmal in der Stadt unterwegs war, sah er seine Söhne mit Gefolge herannahen. Damit sie ihn in diesem armseligen Zustand nicht erkennen konnten, goss er sich die gerade erbettelte Milch über den Kopf. Auch Heilwig nahm den Schleier und verbrachte ihre letzten Tage in dem von ihr gegründeten Zisterzienserinnenkloster in Hamburg-Harvestehude.

Eine weitere Begebenheit auf dem Schlachtfeld trug zur Legendenbildung über Adolfs Edelmut bei: Der geschlagene Dänenkönig irrte über das Schlachtfeld, als ein schwarzer Ritter ihn ohne Worte mit auf sein Pferd nahm und ihn in Sicherheit brachte. Waldemar verlangte zu wissen, wem er die Rettung zu verdanken habe. Als der Ritter das Visier öffnete, erkannte er seinen Gegner Graf Adolf IV. Mit einem Denkmal vor dem Kloster ehrt die Stadt seit 2005 ihren Gründer. Der Künstler Karl-Henning Seemann hat auf sehr anschauliche Weise die Metamorphose Adolfs vom Ritter zum Mönch dargestellt. Während er Kettenhemd, Brustpanzer, Beinschienen, Helm und das zerbrochene Schwert verliert, ist bereits die typische Mönchsfrisur, die Tonsur, zu erkennen und er streift sich die graue Kutte des Bettelmönchs über. Der ehemalige Ritter Adolf IV. entsagt der weltlichen Macht und gibt sich ganz der Führung des Glaubens hin.

**Denkmal des Kieler Stadtgründers Graf Adolf IV. von Schauenburg, seit 2005 vor dem Kieler Kloster aufgestellt**

Am 8. Juli 1261 starb Bruder Adolf im Kieler Kloster; seine Grabplatte ist heute noch erhalten und trägt folgende Inschrift: »Vater unseres Landes und Vorbild der Herrscher, Stolz der Holsten, Graf Adolf, Vorbild der Tugend, duftende Blume der Blumen, Licht von Schauenburg, Perle der Guten. Dir gab der Orden der Minoriten den Ruhmeskranz der Lehrer. Lass nicht den Trug der niederen Teufel uns verführen! Führe uns durch die Bitte der Gerechten in den Glanz des Himmels.«

Wir dürfen davon ausgehen, dass die Idee zur Gründung einer Stadt an der Kieler Förde nicht erst mit dem Gelübde Adolfs begann; sie wurde aber durch die Ereignisse in der Schlacht von Bornhöved sicherlich befördert. Die zur Besiedelung vorgesehene Halbinsel lag strategisch günstig am Westufer der Förde, kaum einsehbar für Feinde und an drei Seiten von Wasser umgeben. Zwar konnte schon früh ein Handelsplatz auf der Altstadtinsel nachgewiesen werden und ab 1233 waren auch einige Siedlungen auf dem späteren Stadtgebiet entstanden, aber ansonsten gab es keine Einschränkungen für eine planmäßige Stadtanlage.

Auf der etwa 17 ha großen Halbinsel ist das mittelalterliche Straßengefüge noch heute ablesbar, das als Musterbeispiel von Stadtneugründungen jener Zeit gelten kann. Zwei parallele Straßenzüge verlaufen in Nord-Süd-, zwei in Ost-West-Richtung, in deren Schnittpunkt sich der Alte Markt als Zentrum mit dem Rathaus (Verwaltung) und der Kirche (geistlicher Mittelpunkt) befindet, ergänzt durch Kloster und Spital. Die Burg dokumentiert die Anwesenheit des Stadtherrn und sichert die Festlandsverbindung bei feindlichen Angriffen, wie auch eine Palisaden-Wallanlage die restliche Halbinsel einfriedet. Die Einwohnerzahl auf der Halbinsel blieb überschaubar, es erhielten nur die das Bürgerrecht, die Eigentum besaßen. Trotz einiger Zuwanderer aus anderen Gebieten – die Flämische und die Kehdenstraße zeugen noch heute davon – hatte Kiel nie die angestrebte enge Anbindung zu den Fernhandelsstraßen bekommen, wie es etwa Lübeck oder Hamburg gelungen war.

Mit der Verleihung der Stadtrechte an die *civitas Holsatiae* oder *Holsatorum* (der Stadt Holsteins oder der Holsten) durch Graf Johann I. 1242 erhielt Kiel auch das Lübsche Recht, wonach Lübeck bei allen strittigen Fragen zu Rate zu ziehen war. Die Selbstverwaltung manifestierte sich durch eine Ratsverfassung und die Wahl eines Stadtrates, bestehend aus zwölf Ratsherren, die auf Lebenszeit gewählt wurden und zweimal im Jahr auf dem Marktplatz zur öffentlichen Versammlung zusammenkamen. Der Stadtvogt war oberster Repräsentant und Stellvertreter des Stadtherrn. Alle wichtigen Entscheidungen zu den Themen Immobilien, Finanzen, Erbschaft und Verbrechen al-

**Stadtansicht von Kiel mit dem Alten Markt im Zentrum, vor 1600**

ler Art wurden von den Stadtschreibern in den Stadtbüchern festgehalten. Das älteste stammt aus dem Jahr 1264 und gibt Auskunft über 230 Familien, die in der Stadt lebten.

**WIE KIEL ZU SEINEM NAMEN KAM**

Mit der Gründung Kiels verfolgte Graf Adolf IV. die Idee, einen wirtschaftlichen, herrschaftlichen und geistlichen Mittelpunkt für seine Grafschaft Holstein zu schaffen. Folglich erhielt die Neugründung einfach den Namen »Holstenstat«. Der vielfach nachgestellte Zusatz »to deme kyle« wurde häufig von Kaufleuten und Handelsreisenden zur näheren Ortsbeschreibung verwendet und bedeutet so viel wie »an der Förde«. Der Begriff »kil«, »kyl« oder auch »kyle« bezeichnet im skandinavischen, niederländischen und friesischen Sprachgebrauch sowohl ein Gewässer, eine Meeresbucht bzw. einen Meeresarm oder einen Fjord, als auch eine Quelle – nicht ganz unwichtig, denn ohne Frischwasser gibt es keine Ansiedlung. Das Geschlechtswort wurde meist vorangestellt, so dass die Stadt »zum Kiel« und die Bewohner »vom Kiel« genannt wurden. Auch die Bezeichnung »Kleiner Kiel« für die Wasserfläche, die als Nebenarm der Förde auch heute noch die Altstadtinsel teilweise umschließt, erklärt sich auf diese Weise. Die Ortsbezeichnung »Holstenstat to deme kyle« (Holstenstadt am Kiel) war allerdings so sperrig, dass sich »Kiel« im Laufe der Jahrhunderte durchgesetzt hatte. Auch die Herleitung des Namens von dem keilförmigen Landeinschnitt der Förde hat ihren Charme.

# Kiel als Mitglied der Hanse

## Von Heringen, Koggen und Piraten

Graf Adolf IV. hinterließ seinen Söhnen Johann I. und Gerhard I. ein »gut bestelltes Haus«. Seine Holstenstadt Kiel war gegründet, seine Vision vom Landesausbau und die Anbindung an das Fernhandelsnetz waren auf den Weg gebracht. Einzig seine Heiratspolitik mit Dänemark führte nicht dauerhaft zum Erfolg: Immer wieder gab es in der Folgezeit kriegerische Auseinandersetzungen mit Dänemark um die Vorherrschaft im Herzogtum Schleswig (Süder-Jütland), die für die Schauenburger Grafen auch finanziell ein Desaster wurden, dem sie mit städtischen Anleihen und Verpfändungen entgegenzuwirken versuchten.

Mit der Gewährung der Zollfreiheit 1261 und der Verleihung einer »Vitte«, eines Privilegs für die Schauenburger Städte Hamburg und Kiel, in den Häfen der südschwedischen Küste von Schonen Grundstücke zu erwerben und zu bebauen, um am Fang und der Verarbeitung von Heringen teilzuhaben, gelang es den Kieler Kaufleuten, Zugang zu den Handelswegen auf der Ostsee zu bekommen. Kiels Beitritt zu einem Solidarpakt mit bereits ausgewiesenen Hansestädten 1284 berechtigte die Stadt, sich ebenfalls als Hansestadt bezeichnen zu dürfen.

## Kiels Solidarität wird gefordert

Die Mitgliedschaft in der Hanse brachte jedoch nicht nur Vergünstigungen mit sich, sondern auch Verpflichtungen. Der Bündnisfall trat 1361 ein, als der Dänenkönig Waldemar IV. Atterdag (1321–75) die Hansekontore auf Gotland überfiel und plünderte. Kiels bescheidener Beitrag zur Kriegsflotte der Hanse, die mit 27 Koggen und 25 Begleitschiffen auf dem Weg nach Dänemark war, bestand aus einem Schiff, 30 Mann und zehn Schützen. Alles fiel vor Helsingborg in die Hände Waldemars. Einen Teil des Gesamtschadens bekam Kiel zwar von seinen Bündnisbrüdern unter Führung Lübecks erstattet, aber eben nicht alles. Immer wieder wies Kiel auf seine prekäre finanzielle Lage hin und hoffte auf die Solidarität der Hansestädte; sogar vor der Beschlagnahme Hamburger Waren schreckte die Stadt nicht zurück, um die Außenstände einzutreiben. Als 1384 eine weitere Auseinandersetzung mit Dänemark drohte, verweigerte Kiel der Hanse die Gefolgschaft. Die Stadt befand sich in einem Interessenkonflikt, denn ihr Landesherr Graf Adolf VIII. (1401–1459) paktierte mit Waldemar, und Kiel wollte außerdem seine guten Handelsbeziehungen mit dem dänischen Südschleswig nicht aufs Spiel setzen. Diese Haltung lief wiederum den Interessen des Hansebundes zuwider, der dafür sorgte, dass Kiel schließlich »verhanst« wurde, d. h. aller Privilegien beraubt und aus dem Bündnis ausgeschlossen. Und weil Kiels Nichtbeteiligung an den Hansekriegen wohl nicht genug für Empörung gesorgt hatte, schob man den Vorwurf des Münzbetruges wegen zu geringen Silbergehalts ihrer Münzen hinterher. Zwar war Kiels Ausschluss zunächst nur von kurzer Dauer, denn die Stadt war in der Folgezeit regelmäßig auf den Hansetagen vertreten; sein Verhältnis zur Hanse blieb aber dennoch schwierig, denn es musste zwischen der Solidarität zur Hanse, der Treue zum jeweiligen Landesherrn und den Interessen des immer selbstbewusster auftretenden Landadels, der sich gerne auf Beutezügen an Hansewaren bereicherte, eine Balance finden. Das konnte auf Dauer nicht gutgehen, wie etwa 1386, als die Kieler ihr Stadttor für Lübecker Söldner geschlossen hielten, die von marodierenden Banden Adliger in einen Hinterhalt gelockt wurden. Prompt protestierte Lübeck auf das Schärfste und verlangte eine weitere »Verhansung« Kiels, doch wiederum zunächst vergeblich. Auch den Handel mit Dänemark hielt Kiel weiterhin aufrecht, zum Leidwesen Lübecks.

Zudem trieben immer mehr Seeräuber ihr Unwesen auf der Ostsee und brachten den Handelsstädten empfindliche Verluste bei. Der Hansebund reagierte mit neuen Schutzmaßnahmen und ließ seine Koggen nur noch im Verband und mit bewaffneter Begleitung über das Meer fahren. Der dänische

**DER HANSEBUND**

Von der Mitte des 12. bis zur Mitte des 17. Jahrhunderts war die Hanse zunächst eine wirtschaftliche, später auch eine politische und kulturelle Vereinigung von Kaufleuten und Städten. Ein festes Gründungsdatum ist nicht überliefert, wohl aber entwickelte sich mit der Gründung Lübecks 1143, der ersten Hansestadt an der Ostsee, der Ostseehandel. Zur Blütezeit der Hanse waren 70 See- und Binnenstädte Mitglied im Verbund, zusätzlich 130 Orte assoziiert. Regelmäßig stattfindende Hansetage dienten der besseren Absprache und Durchsetzung ihrer Interessen.

Ihr größtes Verdienst ist die Entwicklung und Sicherung des Transportwesens auf dem Meer mit dem Einsatz eines speziell für große Warenmengen neu entwickelten Schiffstyps, der Hansekogge. Die Farben Rot und Weiß sind das Erkennungszeichen der Hansestädte, die Kogge ist ihr Symbol. Der Erfolg der Hanse weckte Begehrlichkeiten und führte 1361 und 1370 jeweils zum Krieg mit Dänemark, und auch gegen die Seeräuber, die Vitalienbrüder unter Klaus Störtebeker, musste die Hanse vorgehen. Mit dem Aufblühen der Kaufmannsfamilien in Süddeutschland und ihrer Orientierung über die Alpen nach Südeuropa sowie durch neue Handelsrouten über den Atlantik nach Amerika verlor sie immer mehr an Bedeutung. 1669 wurde der letzte Hansetag abgehalten. Die Hansestädte Hamburg, Lübeck und Bremen verwalten bis heute das Erbe des einstigen Verbundes, der durchaus als Vorläufer der heutigen Europäischen Wirtschaftsgemeinschaft gelten kann.

Seit 1983 werden wieder sowohl nationale als auch internationale Hansetage abgehalten. Die Hansetage der Neuzeit versuchen die Erinnerung an die Hanse aufrechtzuerhalten, die Tradition erlebbar zu machen, aber auch neue Impulse zu Wirtschaftsfragen im Verbund zu setzen. Im Jahr 2014 richtete Lübeck den internationalen Hansetag aus. Als historische Geste für Kiel kann man vielleicht den Gedanken des Oberbürgermeisters von Lübeck verstehen, der die Wiederaufnahme Kiels in die Hanse anregte. Das Jahr 2018 wäre ein günstiger Zeitpunkt für den Wiedereintritt, genau 500 Jahre nach Kiels Ausschluss.

König, erklärter Gegner der Hanse, sowie die Schauenburger und damit letztlich auch Kiel verbündeten sich dagegen mit den Freibeutern, gestatteten ihnen, ihre erbeutete Ware in Kiel an Land zu bringen und dort zu verkaufen. Kiel als Hansestadt hatte sich aber auch dazu verpflichten müssen, einen Beitrag aus Steuermitteln zur Bekämpfung der Seeräuber zu leisten. So schädigte die Stadt ihre eigene Kaufmannschaft und brachte die anderen Hansestädte auf den Plan.

## *Das Ende der Schauenburger Linie und Kiels Hansezugehörigkeit*

1460 endete mit Graf Adolf VIII. die Linie der Schauenburger Stadtherrn für Kiel. Sein Nachfolger als Graf von Holstein und Herzog in Schleswig wurde sein Neffe, der Oldenburger Graf Christian I. (1426–81), der gleichzeitig König von Dänemark war. Damit wurden die Beziehungen dorthin noch enger. Zwar bestätigte Christian I. Kiels Privilegien für den dänischen Handel; das enthob die Stadt aber nicht ihrer Verpflichtung, sich an den Kosten zur Sicherung der Hansewege zu beteiligen. 1472 sah sich Graf Christian jedoch gezwungen, Kiel wegen nicht erbrachter Außenstände an Lübeck zu verpfänden. Das wiederum versetzte Lübeck in die Lage, ein Auge auf Kiel und seine Beziehungen zu den Seeräubern zu haben. 27 Jahre stand Kiel unter Aufsicht Lübecks und musste Treue geloben, bis Christians Sohn Friedrich I. (1471–1533) Kiel auslöste. Wegen ungebührlichen Verhaltens und Missachtung der Hansestatuten erfolgte 1518 der endgültige Ausschluss Kiels aus dem Hansebund, zusammen mit 14 weiteren Städten. Ein Antrag auf Wiederaufnahme 1554 wurde abgelehnt.

## *Der Vertrag von Ripen – Up ewich ungedeelt*

Das Jahr 1460 war für die Herzogtümer Schleswig und Holstein von besonderer Bedeutung. Mit der Wahl des Oldenburger Grafen Christian I. zum dänischen König und Regenten über die Herzogtümer verband sich eine 400 Jahre währende enge Beziehung mit Dänemark. Die schleswig-holsteinische Ritterschaft ließ sich die Zustimmung zur Wahl mit dem Vertrag von Ripen »bezahlen«, in dem ihre Privilegien bestätigt wurden, unter anderem der Erhalt der Unabhängigkeit und Selbstständigkeit der Herzogtümer Schleswig und Holstein, der Wunsch nach stabilen Verhältnissen und Friedenssicherung und die Vermeidung zukünftiger Teilungen. Dieser Teil des Ripener Vertrages konnte in der Folgezeit aus erbrechtlichen Gründen nicht eingehalten werden. Der Wahlspruch des Vertrages »dat se bliven up ewich tosamende ungedeelt« (dass sie ewig zusammenbleiben ungeteilt) entsprang zunächst dem Wunsch nach einem friedlichen Miteinander, erhielt aber im 19. Jahrhundert eine politische Dimension und bezog sich auf eine staatsrechtliche Unteilbarkeit.

## *Handel und Wandel – Der Kieler Umschlag*

Kiel als wirtschaftliches Zentrum der Grafschaft Holstein manifestiert sich in der Ausrichtung des größten Geld- und Tauschmarktes Norddeutschlands und Dänemarks, dem Kieler Umschlag, der seit 1469 schriftlich erwähnt wird. Unter »Umschlag« versteht man so viel wie Tausch, Wechsel, Handel oder Markt; der Begriff ist heute noch in dem Wort »Warenumschlag« geläufig. In jener Zeit war das Reisen beschwerlich, und es empfahl sich nicht, mit größeren Geldmengen durch die Lande zu ziehen. Zur Abwicklung der Geldgeschäfte wurden daher ein verkehrsgünstig gelegener Ort, nämlich Kiel, und eine festgesetzte Zeit, die acht Tage nach dem Drei-Königs-Tag, dem 6. Januar, gewählt. Der Umschlag war zunächst dem Adel vorbehalten, der als Großgrundbesitzer, Gläubiger und Grundherr höriger Bauern zu Reichtum gekommen war; später kamen betuchte Bürger dazu. Der Geldmarkt wurde mit dem Hissen der Marktfahne an der Nikolaikirche als Zeichen der Marktfreiheit eröffnet, im Volksmund »den Börgermeester sin Büx« genannt. Konnte ein Schuldner einmal nicht sofort zahlen, erfolgte als Zwangsmaßnahme das »Einlager«, das Festset-

**KIEL UND SEIN WAPPEN**

Nach der Gründung hatte Kiel als Zentrum der Grafschaft Holstein und als Seehafen mit Zugang zur Ostsee eine große Zukunftsperspektive. Die Stadt stand im Hanseverbund aber immer im Schatten der mächtigen Schwester Lübeck. Aufgrund territorialer und politischer Abhängigkeiten und mangelnder Geldmittel spielte Kiel nur eine bescheidene Rolle. Trotzdem ist die Stadt stolz auf ihre einstige Hansezugehörigkeit, was sich auch im Kieler Stadtwappen widerspiegelt: Es zeigt ein weißes, dreieckig gezacktes Nesselblatt als Verbindung zur Adelsfamilie der Schauenburger. Die Farben Rot und Weiß haben eine doppelte Bedeutung: Es sind die Farben Holsteins und zugleich der Hanse. Der schwarze Schiffsrumpf in der Mitte ist einer Hansekogge nachempfunden und dokumentiert nicht nur Kiels einstige Hansezugehörigkeit, sondern ist heute ein Symbol für alles, was Kiel mit dem Wasser und der Förde verbindet, sei es Schiffbau, Kanal, Fischerei, Segelsport, Fähren und, in jüngster Zeit, der Kreuzfahrttourismus.

**Das Kieler Stadtwappen**

zen an einem vom Gläubiger bestimmten Ort, bis die Schuld beglichen war. Diese Maßnahme wurde konsequent ohne Rücksicht auf die gesellschaftliche Stellung der Person angewendet, verbunden mit der Schmach der Bekanntmachung und dem Verlust des Ansehens, und trug so zur Glaubwürdigkeit der Gerichtsbarkeit bei. Die übliche Währung war Silbergeld, das in Säcken, Kisten, Karren und Kutschen, je nach Vermögen, nach Kiel geschafft wurde. Erst Mitte des 19. Jahrhunderts führte der Kieler Bankier Wilhelm Ahlmann (1817–1910) den bargeldlosen Zahlungsverkehr ein.

Auch für das Volk war der Umschlag ein besonderes Highlight des Jahres. Es kamen Gaukler, Händler und Marktschreier in die Stadt, um ihre exotischen Darbietungen und Waren zu präsentieren. Aber auch Betrüger und Diebe trieben ihr Unwesen, und so ist für den Umschlag 1577 zur Abschreckung das Rädern, Enthaupten und Hängen von Räubern und Mördern bezeugt. Doch die Zeiten änderten sich, Kiel verlor seinen Status als Finanzzentrum und um 1900 sollte der Geldmarkt ganz eingestellt werden. 1975 jedoch knüpfte die Stadt Kiel an die alte Tradition an und rief den Kieler Umschlag der Neuzeit ins Leben, der seither am letzten Februarwochenende stattfindet. Auf diesem Wintervolksfest wird heute auch wieder Geld umgeschlagen – aber eher in Zuckerwatte, Bratwurst und Bier.

HINTERGRUND

**VON ECKENSTEHERN UND SILBERTALERN**

Dass die Kieler ehrliche Leute sind, zeigt die Geschichte, in der ein Diener mit einem bis zum Rand mit Silbersäcken gefüllten Karren etwas zu schnell eine Kurve nahm, woraufhin sich der Inhalt auf dem Pflaster verteilte. Die so genannten Eckensteher, meist zwielichtige Gestalten, die sonst keine Gelegenheit ausließen, halfen, die Silbertaler wieder einzusammeln. Beim Nachzählen stellte man erfreut fest: Es fehlte nicht ein einziger Taler.

# Die Reformationszeit in Kiel

## Konflikt zwischen Kirche und städtischer Verwaltung

Das Franziskaner-Kloster und die Pfarrkirche St. Nikolai am Alten Markt sind die beiden kirchlichen Einrichtungen, die die Kieler Bürger für ihr geistliches Wohl besuchen konnten. Die Mönche des Bettelordens kümmerten sich in ihrem Armenhaus, dem Altenheim und den Pilgerstätten vor allem um die ca. 20 % Armen und Bürgerrechtslosen in der Stadt, während sich die reichen Bürger und der Adel eher der Pfarrkirche verpflichtet fühlten. Sie konnten sich ihr Seelenheil durch Geldzuwendungen, Erbschaften und Stiftungen von Altären erkaufen und hatten obendrein Einfluss auf die Besetzung der Pfarrstellen. Der Lebenswandel der eingesetzten Stadtpfarrer scheint aber oftmals zweifelhaft gewesen zu sein. So geben die Stadtbücher Auskunft darüber, dass uneheliche Kinder und Maitressen finanziell versorgt werden mussten oder opulente Hochzeiten in der Kirche ausgerichtet wurden. Die Gemeinde duldete offenbar die Praxis der allzu weltlichen Auslegung, solange die kirchlichen Aufgaben erfüllt wurden. Über die Aufgabenverteilung zwischen Stadtobrigkeit und Kirche kam es immer wieder zu Auseinandersetzungen, wohl auch deshalb, weil es bis zur Einführung der Reformation keine verbindliche Kirchenordnung gab.

## Umsetzung der Reformation und neue Kirchenordnung

Herzog Christian III. (1503–59), als Statthalter der Herzogtümer, und sein Vertrauter Johann Rantzau (1492–1565) gelten als Wegbereiter der Reformation im Norden. Die 1526 auf dem Speyerer Reichsabschied festgelegte eigenverantwortliche Einführung der Reformation fiel auch in Kiel auf fruchtbaren Boden. Im selben Jahr lehrte der aus einer Kieler Ratsfamilie stammende Kaplan Marquard Schuldorp, der sein Theologiestudium in

**DIE PFARRKIRCHE ST. NIKOLAI AM ALTEN MARKT**

Zusammen mit dem Kloster ist die Nikolaikirche das älteste Bauwerk der Stadt Kiel, geweiht dem heiligen Nikolaus, dem Schutzpatron der Seefahrer und des Handels. Die dreischiffige Hallenkirche als ein Beispiel frühgotischer Backsteinarchitektur in Norddeutschland steht an der Südostecke des Alten Marktes und wurde 1264 erstmals erwähnt. Durch An- und Umbauten, umfassende Restaurierungen im 19. Jahrhundert, die fast vollständige Zerstörung im Zweiten Weltkrieg und den anschließenden sanften Wiederaufbau ist der ursprüngliche Charakter der Kirche zwar verloren gegangen, sehenswert ist die Stadtkirche heute aber allemal. Das älteste Kunstwerk Kiels, die von Johannes Apengeter 1344 geschaffene Bronzetaufe, ist zu bewundern, ebenso wie der von Wilhelm v. Ahlefeldt gestiftete Flügelaltar von 1460, das 1490 von reichen Bürgern in Auftrag gegebene Triumphkreuz vor dem Chor und die von Theodor Allers gestaltete barocke Kanzel aus dem Jahr 1705. Die Kirche war mit ihrem mächtigen Turm nicht nur optisch sehr präsent, sondern bildete lange Zeit zugleich auch das geistige Zentrum Kiels, ausgestattet mit großzügigen Stiftungen reicher Bürger. Ihr Inneres diente als größter Versammlungsraum jener Zeit. Der weit aufragende Kirchturm bot aber auch Blitzen eine günstige Angriffsfläche und die Kirche geriet immer wieder in Brand, so auch am 12. April 1790. Dunkler Rauch quoll aus den Dachöffnungen, für Feuerspritzen und Löscheimerketten nicht zu erreichen. Dem mutigen Einsatz eines Zimmermanns war es zu verdanken, dass der Brand schnell gelöscht werden konnte. Mit Beil und Seil ausgerüstet kletterte er in den Dachstuhl, schlug ein Loch in die Turmdecke, ließ das Seil hinunter und zog die gefüllten Löscheimer hinauf. Als Vergütung für seine Tat wünschte sich der Zimmermann, mit einer Sänfte, seit 1768 ein übliches Fortbewegungsmittel, durch die Stadt getragen zu werden, ein Wunsch, dem der Kieler Rat in Dankbarkeit gerne entsprach. Im selben Jahr erhielt die Nikolaikirche einen vom amerikanischen Präsidenten Benjamin Franklin bereits 1752 erfundenen Blitzableiter. Und noch eine Besonderheit zeichnet die Kirche aus: Sie ist wohl das einzige Gotteshaus in Deutschland, in dessen grünem Turmdach ein Bullauge (kreisrundes Fenster) eingebaut wurde, eine Ehrung für den in Kiel

**Heutige Ansicht der Nikolaikirche am Alten Markt**

ansässigen Reeder und Schiffsmakler Karl Grammersdorf (1888–1966), der mit seinen Schiffen den Überseehandel bediente und der die Instandsetzung des Dachs der Nikolaikirche nach den Kriegszerstörungen stiftete. Wer genau hinschaut, kann das Bullauge auch heute entdecken.

Wittenberg abgeschlossen hatte, nach lutherischem Vorbild. Nach Auflösung des Franziskaner-Klosters in Kiel 1530 – dort wurde die Lateinschule untergebracht – und der Sicherung des Kirchenbesitzes für den Kieler Rat führte Herzog Christian III. 1542 eine neue Kirchenordnung zur Durchsetzung der evangelischen Lehre ein. Der Theologe Johannes Bugenhagen (1485–1558) wirkte maßgeblich als Berater des dänischen Königshauses an der Erstellung der auch von Luther gebilligten Kirchenordnung mit. Sie legte die Säkularisierung der Klöster fest, wandelte die üblichen Stiftungen in Kollekten für die Armen um, verpflichtete den Stadtrat zur Erhaltung der Armenfürsorge und der Pflege und führte die Einrichtung einer »gemeinen Kiste« ein, in der Geld für karitative Zwecke gesammelt wurde.

Die Reformation brachte aber auch seltsame Blüten zum Vorschein. So verschreckte der Kürschnergeselle und selbst ernannte Prediger Melchior Hoffmann mit apokalyptischen und demagogischen Reden das Kieler Kirchenvolk und wurde daraufhin des Landes verwiesen. Und der von Luther selbst für das Pfarramt von St. Nikolai empfohlene Wilhelm Prawest aus dem Augustiner-Chorherren-Stift in Bordesholm setzte Luthers Reformideen keineswegs, wie erhofft, um, sondern wandte sich gegen die neue Lehre. Die zunächst guten Beziehungen zwischen Bordesholm und der Kieler St. Nikolai-Gemeinde wurden dadurch empfindlich gestört, und das führte 1566 zur Aufhebung der Unabhängigkeit des Klosters. Mit den geforderten jährlichen Zahlungen an die Stadt in Höhe von 4898 Reichstalern konnte zunächst die Gelehrtenschule, später der Aufbau der Universität unterstützt werden. Dass sich aber die Beziehungen zum Bordesholmer Chorherrenstift doch über die Jahrhunderte erhalten haben, zeigt die Tatsache, dass die Kunstwerke aus St. Nikolai im Zweiten Weltkrieg dorthin ausgelagert wurden und so für die Nachwelt erhalten geblieben sind.

## *Von Hexen, Tod und Teufel*

Nachdem nun der Städtische Rat die Kontrolle über kirchliche Belange übernommen hatte, war dem Gremium sehr daran gelegen, seine Fähigkeit zur Verteidigung des rechten Glaubens durch Schauprozesse zu unterstreichen. Vielfach kam es durch Neid, Denunziation und falsche Beschuldigungen von vermeintlich Geschädigten zur Anklage, vor allem gegen Frauen. Die Vorwürfe lauteten: Mit dem Teufel im Bunde zu stehen, Schadenszauber gegen Mensch und Tier oder sexuelle Ausschweifungen. Auch das nächtliche Fliegen zum Hexensabbat wollte man beobachtet haben. Die Geständnisse wurden durch die »peinliche Befragung«, also Folter, erzwungen. Zwischen 1530 und 1696 berichten die Stadtchroniken von 33 Hexenprozessen in Kiel. Beliebte Strafen waren die Ausweisung aus der Stadt mit anschließender Steinigung, lebendiges Begraben, Pfählen oder die Verbrennung. Die Chronik von 1587 berichtet, dass selbst die im gesegneten Alter von 102 Jahren wegen Zauberei verurteilte Sunde Bohlen nicht ihrem Schicksal entging.

## *Große Politik – Der Dreißigjährige Krieg 1618–1648*

Die Reformation und damit der protestantische Glauben gewannen immer mehr an Boden und breiteten sich weiter aus. Das ging naturgemäß nicht überall friedlich vonstatten und es kam immer wieder zu heftigen Auseinandersetzungen zwischen Protestanten und Katholiken. Der religiös motivierte Prager Fenstersturz 1618, ein Aufstand der böhmischen Protestanten gegen ihre Re-Katholisierung, war Vorwand und Startschuss zugleich für weitreichende Konflikte europäischer Großmächte untereinander, die um die Vorherrschaft in Europa rangen. Erst 30 Jahre später, mit dem Westfälischen Frieden 1648, endete der Krieg und hinterließ ein durch Zerstörung, Seuchen und Hungersnöte entvölkertes Land.

Mit dem Vertrag von Ripen 1460 wurden die Privilegien der selbstbewussten Ritterschaft sowie die Selbstständigkeit und Zusammengehörigkeit der Herzogtümer Schleswig als königlich dänisches Reichslehen und Holstein als deutsches Reichslehen durch den dänischen König Christian I. (1426–81) bestätigt (sein Wahlspruch: »auf ewig ungeteilt«). Das

Ziel, die Einheit der beiden Herzogtümer zu wahren, geriet aber durch die unterschiedlichen Interessenlagen im Dreißigjährigen Krieg in Gefahr. Während König Christian IV. (1577–1648) von Dänemark und Herzog von Schleswig aktiv in das Kriegsgeschehen eingriff, wahrte Herzog Friedrich III. von Holstein (1597–1659) zunächst Neutralität, verbündete sich später sogar mit Schweden, dem erklärten Feind Dänemarks.

Mit den Interessenkonflikten der Herzogtümer und den Auswirkungen des Dreißigjährigen Krieges begann für Kiel eine Zeit der Stagnation, des Mangels und des Verlustes. Kiel hatte das Pech, den durchziehenden Truppen auf dem Wege zu liegen, und musste immer wieder mit Belagerungen kämpfen. Auf die Eroberung der Herzogtümer durch Truppen Tillys und Wallensteins folgte die Belagerung Kiels durch dänische und kaiserliche Soldaten im Wechsel. Die Schweden fielen auf ihrem Weg zur entscheidenden Schlacht nach Dänemark 1643–45 in Kiel ein, ihre Flotte suchte im Kieler Hafen Zuflucht. Herzog Friedrich III. konnte 1644 einen Sonderfrieden für sein Herzogtum aushandeln, bevor der Dreißigjährige Krieg 1648 mit dem Westfälischen Frieden sein Ende fand.

Kiel hatte aber nicht nur mit den Auswirkungen der Belagerungen zu kämpfen. Die Stadt musste sich auch finanziell mit einer hohen Militärsteuer am Kriegsgeschehen beteiligen. Die zum Kriegsdienst eingezogenen Bürger, Handwerker und Tagelöhner fehlten für die Versorgung der Menschen. Schwindende Kaufkraft, Mangel an Lebensmitteln und Stadtflucht waren die Folge.

## *Konflikt zwischen Adel und Bürgern*

Dabei wog es umso schwerer, dass der Adel in der Stadt zwar Winterresidenzen, sogenannte Freihöfe, besaß, die Familien aber der Gerichtsbarkeit und städtischer Steuer entzogen waren, sich demzufolge an den Kriegskosten nicht beteiligten, aber dennoch Einfluss auf Politik, Wirtschaft und Kultur nahmen. Das Zusammenleben zwischen privilegiertem Adel, Bürgern und gemeinem Volk war daher keineswegs konfliktfrei. Während die einen sich an Recht und Gesetz hielten, konnten die anderen durch ihre Privilegien in der Stadt schalten und walten, ohne belangt zu werden. Die Stadtchronik berichtet von allerlei Exzessen, Straftaten und Demütigungen, ja, sogar von Mord ist die Rede. Die Missachtung aller Gesetze durch den Adel führte dazu, dass der Stadtrat seinen Bürgern erlaubte, sich zu bewaffnen und bei Gefahr an Leib und Leben die Sturmglocke zu läuten.

### DER WARLEBERGER HOF ALS LETZTER FREIHOF

Von den einstmals 77 Freihöfen, die Anfang des 17. Jahrhunderts in den Stadtbüchern aufgelistet waren, ist als einziger der Warleberger Hof in der Dänischen Straße als ältester Profanbau Kiels erhalten geblieben. Erster Besitzer war der Amtsschreiber Christoph Martens, der das Grundstück 1616 mitsamt den üblichen Adelsprivilegien für besondere Verdienste von seinem Dienstherren Herzog Friedrich III. von Gottorf erhielt. Das bald darauf errichtete imposante Gebäude mit großem Garten gehörte mit seinen 818 qm zu den wertvollsten Immobilien der Stadt. Mit dem Anschluss an die zum Kieler Schloss geführte Wasserleitung 1621 konnte das ebenfalls privilegierte Braurecht ausgeübt werden. Braukeller, Zisterne und Herdanlage sind heute noch zu besichtigen. 1695 erwarb der Namensgeber Henning von Thienen auf Warleberg den Freihof. 1765 folgte Henning Bendix von Rumohr, der den Eingang in die Dänische Straße verlegen und das prachtvoll verzierte Sandsteinportal anbringen ließ. 1821 ging das Haus an die Universität über, die dort die Anatomie, das Museum für Völkerkunde und Zoologie, die medizinhistorische Sammlung sowie das Hebbel- und Theatermuseum unterbrachte. Für den Bau der Straßenbahn 1909 musste die Vorderfront um fünf Meter zurückgesetzt werden. Seit 1970 beherbergt der Warleberger Hof das Stadtmuseum, das nach umfangreichen Restaurierungsarbeiten in den Jahren 2009/10 auf den neuesten Stand gebracht wurde und mit seiner edlen Innenausstattung, zusammengetragen aus anderen Adelshäusern Kiels des 18. Jahrhunderts, einen würdigen Rahmen für Ausstellungen zur Kieler Stadtgeschichte bildet.

## *Kiel – Das Tor nach Persien?*

Über die politische Rolle Herzog Friedrich III. im Dreißigjährigen Krieg wurde bereits berichtet. Er war darüber hinaus aber auch ein Feingeist, sprach Griechisch und Latein und galt als Förderer von Wissenschaft und Kultur. Er baute Schloss Gottorf bei Schleswig zum kulturellen Zentrum aus. Seine umfangreiche Bibliothek war in ganz Europa bekannt, seine aus allen Teilen der Welt zusammengetragene Kunstkammer legendär, der begehbare Riesenglobus, der die bis dahin bekannte Welt und den Sternenhimmel abbildete, ebenso berühmt wie die von ihm initiierte Auflistung aller Pflanzen des großzügig angelegten botanischen Schlossgartens im Gottorfer Codex.

So wundert es nicht, dass Friedrich über die Grenzen seines Hoheitsgebietes hinaus Interesse an fremden Welten und neuen Kulturen hatte. Er unternahm den Versuch, neue Handelsrouten zu entdecken, um exotische Waren, vor allem von der Seidenstraße, nach Kiel und weiter in das von ihm gegründete und angelegte Friedrichstadt (1621) zu leiten. Dafür rüstete er zwei Expeditionen aus, die die Zollformalitäten klären sollten. Die erste Expedition, begonnen 1633, scheiterte bereits nach zwei Jahren an den überhöhten Zollforderungen des russischen Zaren. Im selben Jahr, 1635, startete die zweite Expedition, diesmal nach Isfahan in Persien. Die Delegation handelte aber offenbar höchst undiplomatisch, sodass das Handelsabkommen ebenfalls nicht zustande kam und der Expeditionsleiter nach seiner Rückkehr den Fehlschlag mit dem Leben büßte. Im Gegensatz zu heute, wo sich die Verhandlungspartner rund um die Uhr absprechen können, dauerten Reisen und Verhandlungen damals meist Jahre mit ungewissem Ausgang. Zwischen 1632 und 1638 wurden aber schon mal, in Erwartung der exotischen Handelsgüter wie Seide, Teppiche oder Gewürze, am Alten Markt in Kiel Lagerhäuser gebaut, die als »Persianische Häuser« bekannt wurden. Die Handelsroute nach Persien blieb aber ein Traum, die Häuser wurden zu Wohnhäusern umgebaut und bei einem Luftangriff 1944 vollständig zerstört. Erst beim Umbau des Alten

Die später zu Wohnhäusern umgebauten Persianischen Häuser am Alten Markt, im Hintergrund die Nikolaikirche und das 1910 eingeweihte Karstadt-Kaufhaus in unmittelbarer Nachbarschaft

Marktes 1972 nahm der Architekt Bezug auf die historische Häuserfront, an die seine auf dem Platz verteilten Pavillonbauten erinnern sollen.

## *Handelskontrolle, Sittenpolizei und Kleiderordnung*

Ende des 17. Jahrhunderts waren die Auswirkungen des Dreißigjährigen Krieges noch in der Stadt zu spüren. Die drückende Last der hohen Militärsteuern zur Finanzierung der kriegerischen Auseinandersetzungen sorgte dafür, dass sich Kiel wirtschaftlich nur wenig entwickeln konnte. Die beständige Konkurrenz der großen Handelsstädte Hamburg und Lübeck tat ein Übriges. Umso wichtiger war das regulierende Eingreifen des Kieler Rates, um mit allerlei Verordnungen die gerechte Verteilung der Güter für die nunmehr 3000 Bürger auf der Altstadt-Halbinsel zu sichern. Der Rat bestimmte die Arbeitszeiten, die Entlohnung und die Höhe der Zölle, sichtete die Waren, bestimmte die Preise und setzte die Reihenfolge der Einkäufer fest. Die Kieler Bürger hatten das Vorrecht des ersten Zugriffs, es folgten die Brauer und Mälzer, die sich versorgen konnten, und zuletzt die Kaufleute. Der Bedarf des Einzelnen oder einer Gruppe stand über den Handelsinteressen. Auch sonst hatte die städtische Selbstverwaltung ein strenges Auge auf das tägliche Leben seiner Bürger, sorgte aber auch für ein geordnetes Miteinander. Höfliches Betragen wurde gefordert, Fluchen und Gotteslästerung ebenso unter Strafe gestellt wie Spazierengehen und Alkoholgenuss während der Messe, alles überwacht von der eingesetzten Sittenpolizei. Die Reglementierungen galten auch für den ganz privaten Bereich. So dokumentiert etwa die städtische Kleiderordnung von 1681 die Einteilung in drei Stände und deren optische Ausformung. Oberstes Gebot für alle Bürger war, unter Androhung göttlicher Strafen, Eitelkeiten zu vermeiden. Grundsätzlich verboten war das Tragen von Perlen und Edelsteinen. Abhängig vom zu versteuernden Einkommen konnten wohlbegüterte Bürger, Kauf- und Handelsleute Mäntel mit grauem Pelzbesatz und zwei Halskrausen tragen, wohlhabenden Handwerkern, Krämern und Schiffsbesitzern war Silberschmuck erlaubt, hingegen waren gemeinen Handwerkern, Tagelöhnern und Gesinde Broschen und Tücher teurer als acht Schillinge verboten. Die Durchsetzung der Vorschrift, unter Strafe auf alle neuen Moden zu verzichten, scheiterte allerdings an der Eitelkeit der Bürger.



### BÜRGERMEISTER ASMUS BREMER

**Bronzefigur des Alt-Bürgermeisters Asmus Bremer auf dem gleichnamigen Platz in der Fußgängerzone**

Dem Bürgermeister Asmus Bremer (vor 1652–1720) ist es zu verdanken, dass wir viel über das städtische Leben jener Zeit erfahren können. Er schrieb sich 1671 als Student der Jurisprudenz an der Universität in Kiel ein und schloss sein Studium mit dem Jura-Examen ab. Er diente seiner Stadt fortan 31 Jahre lang als Richter, Vorsteher der Armenfürsorge von St. Jürgen, Kämmerer, Ratsherr, Stadtarchivar und als Bürgermeister. Seine herausragende Leistung war die Zusammenstellung der ersten Kieler Chronik, der *Chronicon Kieliense tragicum-curiosum*. 700 aktenkundige Vorfälle des täglichen Miteinanders sind dort aufgelistet und stellen damit einen Spiegel der sozialen Verhältnisse des 16. und 17. Jahrhunderts dar. Asmus Bremer hielt sich dabei streng an die Chronologie, enthielt sich aber jeden Kommentars. Abschriften alter Urkunden zwischen 1241 und 1705 und die Ordnung der städtischen Immobilien in ein Kataster wurden ebenfalls in das von ihm gegründete Archiv aufgenommen. Nach dem Tod Asmus Bremers 1720 war es der prekären finanziellen Situation seiner Witwe geschuldet, dass die Chronik in den Besitz der Stadt überging. Für

den Schuldenerlass in Höhe von 44 Reichstalern überließ sie die Chronik dem Archiv, das die Grundlage des heutigen Kieler Stadtarchivs bildet.
Auch heute noch ist die Erinnerung an den Kieler Bürgermeister und Chronisten sehr lebendig. Einmal im Jahr ist der Warleberger Hof Kulisse eines besonderen Auftritts, wenn Asmus Bremer und seine Frau, von Schauspielern dargestellt, zum jährlichen »Kieler Umschlag« der Neuzeit geweckt werden, sich den Untertanen am Fenster zeigen und zur Begeisterung des Publikums ihre mit Bonbons gefüllten Nachttöpfe leeren. Sie begleiten die Veranstaltungen des seit Mitte der 1970er-Jahre wieder aufgenommenen Winterfests, bevor sie sich danach wieder für ein Jahr zurückziehen. Und seit 1982 sitzt der Bürgermeister als Bronzefigur ganz entspannt auf dem nach ihm benannten Platz in der Kieler Fußgängerzone und beobachtet das geschäftige Treiben.

# Die Gründung der Kieler Universität 1665

## *Voraussetzungen*

Bereits 1641 gab es Pläne für die Gründung einer gemeinsamen Hochschule beider Herzogtümer Schleswig und Holstein, deren Umsetzung zunächst an den Finanzen scheiterte. Erst mit der 1652 von Herzog Friedrich III. beim deutschen Kaiser Ferdinand III. (1608–57) erwirkten Verleihung verschiedener Privilegien, unter anderem die Gültigkeit aller akademischen Titel überall im Reich, eine eigene Gerichtsbarkeit und Steuerbefreiung, ging es mit der Gründung der Universität voran. Das wirtschaftliche Zentrum im Herzogtum Holstein, Kiel, gleichzeitig die nördlichste Stadt des Heiligen Römischen Reiches Deutscher Nation – das Herzogtum Schleswig gehörte nicht dazu –, bot sich als Standort an und konnte mit dem für universitäre Zwecke umgebauten Franziskanerkloster die geeigneten Räumlichkeiten anbieten. Die durch die Schließung der Bordesholmer Klosterschule freigewordenen Gelder sicherten langfristig die finanzielle Ausstattung der Hochschule, die Übernahme der Bordesholmer Klosterbibliothek bildete den Grundstock für die neue Universitätsbibliothek.

## *Gründungsfeierlichkeiten*

Nach dem Tod Herzog Friedrichs III. 1659 oblag es seinem Sohn und Nachfolger Herzog Christian Albrecht (1641–94), das Bemühen seines Vaters zu einem guten Ende zu bringen. Ihm zur Seite stand der Diplomat, Minister und spätere Kanzler Johann Adolph Kielmann von Kielmannsegg (1612–76) als Vertreter des Kaisers, der die mehrtägigen Gründungsfeierlichkeiten bis ins Kleinste vorbereitet hatte. Höhepunkt war der prunkvolle Gründungsakt der Christiana Albertina am 5. Oktober 1665 in der Nikolaikirche, dessen 350. Wiederkehr im Jahr

2015 gefeiert wurde. Nach den Festreden in lateinischer Sprache, dem Präsentieren und Verlesen der kaiserlichen Privilegien und dem Anlegen des purpurnen Rektorenmantels folgte die feierliche Übergabe der Universitätsinsignien: Silbernes Zepter als Zeichen der Gerichtsbarkeit, Privilegien-Urkunde, Schlüssel und Siegel. Mit dem geistlichen Segen wurde die Festgesellschaft entlassen und sammelte sich für das sechsstündige Prunkmahl im Kieler Schloss. Der Wahlspruch der Kieler Universität entstand in Erinnerung des eben beendeten Dreißigjährigen Krieges und in der Hoffnung auf eine friedliche Zukunft: *Pax optima rerum* – Frieden ist das höchste Gut. Nach den Feierlichkeiten wurde der Universitätsbetrieb im Kieler Kloster für die vier Fakultäten Theologie, Medizin, Jurisprudenz und Philosophie mit 152 Studenten und 17 Professoren aufgenommen.

## *Ressentiments der Bürger und studentisches Leben*

Aufgrund der schlechten Erfahrungen mit dem Adel, der sich außerhalb von städtischem Recht und Gesetz bewegte, waren die Kieler Bürger keineswegs davon angetan, eine weitere privilegierte Bürgergruppe aufzunehmen, auch wenn die Aussicht auf den Status als überregionales Wissenschaftszentrum lockte. Außerdem fürchtete man steigende Preise auf allen Gebieten und Probleme mit undisziplinierten Studenten, ausgelöst durch Trunkenheit, Streitlust, Zerstörungswut und dem Duellieren schon bei nichtigen Anlässen.

Aber auch das studentische Leben war nicht ganz einfach. Die Studentenanwärter (Füchse) mussten sich zur Immatrikulation einem spielerischen Aufnahmeritual unterziehen, der Deposition, ausgeführt vom Hausmeister (Pedell), durch das die Studierenden symbolhaft vom rüpelhaften Monstrum überhaupt erst zum gebildeten Menschen wurden. Der Unterricht umfasste Vorlesungen und Disputationen auf Latein, Quellenstudium in der Bibliothek und Privatkollegs, also Zusatzunterricht zur Vertiefung des Stoffes, für den die Professoren extra bezahlt wurden. Auch außeruniversitäre Fähigkeiten wurden verfeinert. So kümmerten sich die Meister der Leibesübungen in Fächern wie Reiten, Fechten, Tanzen und Ballsport um körperliche Ertüchtigung. Und weil es sich mit einem hungrigen Magen schlecht studiert, gab es günstiges Essen in der Mensa – allerdings nicht für alle, sondern nur für diejenigen, die mit einem Stipendium Zugang zum Konvikt bekamen. Die Universität hatte ihre eigene Gerichtsbarkeit, und wer den Pfad der Tugend verließ, fand sich schnell im Karzer (Universitätsgefängnis) wieder. Ein Jahr nach Gründung der Alma Mater in Kiel konnten bereits die ersten Promotionen in der Nikolaikirche gefeiert werden. Neben Adel, Rat und Bürgerschaft von Kiel besaßen auch Professoren und Studenten eigene Plätze für Gottesdienste und Promotionsfeiern auf der noch heute vorhandenen Professorenempore. Bei der Promotionsprüfung konnte es damals nicht nur bis zu sechs Stunden dauern, bevor der Doktorhut verliehen wurde, sondern sie war auch eine teure Angelegenheit, musste der Doktorand doch nach bestandener Prüfung den »Doktorschmaus« in einem Gasthaus ausgeben. Da kamen schon mal schnell 180 Taler zusammen, so viel wie das halbe Jahresgehalt eines Professors. Dieser Einsatz war aber zu verschmerzen, denn die Promotion galt damals als eine Art Versicherung, die ein auskömmliches Leben garantierte.

# Politische Verhältnisse im 18. Jahrhundert

## Der Große Nordische Krieg

Gleich zu Beginn des neuen Jahrhunderts zwischen 1700 und 1721 überzog der Große Nordische Krieg um die Vorherrschaft im Ostseeraum das Land. Der dänische König Friedrich IV. (1671–1730) ging mit Unterstützung seiner polnischen und russischen Verbündeten siegreich aus der Auseinandersetzung hervor und nutzte gleichzeitig die Gelegenheit, den Gottorfer Anteil Schleswigs als Landesherr zu übernehmen und Schloss Gottorf als Residenzstadt auszurufen. Die verbliebenen 40 % des herzoglichen Anteils Holsteins bildeten einen territorialen Flickenteppich, den Herzog Carl Friedrich von Holstein Gottorf (1700–39) vom Kieler Schloss aus regierte. Die sogenannte »Gottorfer Frage« aber – gemeint ist die Zusammenführung beider Landesteile Schleswig und Holstein unter eine souveräne Regentschaft und Loslösung vom Einfluss des dänischen Königs – blieb auch in der Folgezeit immer wieder Streitpunkt und konnte erst in der zweiten Hälfte des 19. Jahrhunderts, nach dem Deutsch-Dänischen Krieg 1864, endgültig geklärt werden.

## Kiels Beziehungen nach Russland

Nach seinem militärischen Beitrag zum Nordischen Krieg versuchte der russische Zar Peter I. (1672–1725), der sich danach »der Große« nannte, sein Einflussgebiet durch geschickte Heiratspolitik auf deutschen Boden auszuweiten. Dazu vermählte er 1727 seine älteste Tochter Anna Petrowna (1708–28) mit Herzog Carl Friedrich von Holstein Gottorf in St. Petersburg. Das Kieler Schloss wurde als zukünftiger Wohnsitz auserkoren und umfassend renoviert, sogar an die Einrichtung einer russisch-orthodoxen Kapelle für die Prinzessin hatte man gedacht. Die

Kieler Bürger bereiteten dem jungen Paar bei seinem Einzug 1727 einen begeisterten Empfang, erfuhr man doch als Residenzstadt jetzt wieder eine Aufwertung und konnte eine größere Rolle im Weltgeschehen spielen. Auch die Wirtschaft in der Stadt hoffte auf neue Impulse, denn schließlich mussten die Schlossbewohner angemessen versorgt, Gäste empfangen und die Anlagen in Schuss gehalten werden. Die Anwesenheit Anna Petrownas in Kiel stand allerdings unter keinem guten Stern. Sie brachte zwar im Februar 1728 ihren Sohn Carl Peter Ulrich, den späteren Zaren Peter III., zur Welt, verstarb aber 20-jährig nur drei Monate nach dessen Geburt. Ihr Leichnam wurde nach St. Petersburg überführt und dort beigesetzt. Anders als bei sonst üblichen Heiratsarrangements hatte Carl Friedrich und Anna eine tiefe Zuneigung verbunden. Aus Gram über den frühen Tod seiner jungen Frau verordnete er der Stadt ein Jahr lang Trauer und gründete ihr zu Ehren den Schleswig-Holsteinischen Annen-Orden.

## Zar Peter III.

Der verwitwete Herzog Carl Friedrich kümmerte sich um die Erziehung seines Sohnes Carl Peter Ulrich (1728–62), förderte seine Musikalität und seine Liebe zu Büchern. Gleichzeitig bereitete er ihn aber auch auf größere Aufgaben vor, sollte er doch die verloren gegangenen Schleswigschen Anteile seines Herzogtums wieder zurückgewinnen. Dafür war eine intensive militärische Unterweisung unerlässlich, die seine spätere Begeisterung für alles Militärische erklärt. Es sollte aber anders kommen: 1739 verlor der elfjährige Carl Peter Ulrich auch seinen Vater und war fortan Vollwaise. Seine Tante Elisabeth (1709–62), Tochter Peters des Großen und Schwester seiner Mutter, war seit 1741 auf dem russischen Zarenthron. Da sie zeit ihres Lebens unverheiratet und kinderlos blieb, ordnete sie mit der Adoption ihres Neffen ihre rechtmäßige Nachfolge. Immer in Sorge vor möglichen Anschlägen, verlief die Reise nach St. Petersburg 1742 für den jungen Herzog unter höchster Geheimhaltung. Carl Peter Ulrich lernte Russisch, konvertierte

**Das 2014 eingeweihte Denkmal Herzog Carl Peter Ulrich von Holstein-Gottorf, dem späteren Zar Peter III., aufgestellt an seinem Geburtsort, dem Kieler Schloss**

zum russisch-orthodoxen Glauben und nannte sich fortan Pjotr Fjodorowitsch. Nachdem es schon 1739 zu einer ersten Begegnung mit seiner Cousine zweiten Grades, der Prinzessin Sophie Auguste Friederike von Anhalt-Zerbst (1729–96) im Eutiner Schloss kam, folgte nach seiner erklärten Volljährigkeit mit 17 Jahren 1745 die Hochzeit. Seine Frau konvertierte ebenfalls und nahm den Namen Katharina an.

Der Erbfall trat ein, als Zarin Elisabeth 1762 verstarb. Sie hinterließ ihrem Nachfolger, der sich jetzt Peter III. nannte, ein durch den Eintritt in den Siebenjährigen Krieg (1756–63) mit Preußen hoch verschuldetes Land. Der neue Zar beendete diesen Krieg schnellstmöglich, rettete Russland dadurch nicht nur vor dem finanziellen Ruin, sondern bewahrte Preußen auch vor einer zu erwartenden Niederlage. In seiner nur 186 Tage dauernden Regierungszeit versuchte Zar Peter III. nicht weniger als 200 längst überfällige Reformen für sein Reich umzusetzen, die zulasten vor allem der Kirche und des Adels gingen und den Bauern und Leibeigenen mehr Rechte gewährten. Damit machte er sich allerdings auch viele Feinde, die ihre Privilegien dahinschwinden sahen und seine Bemühungen boykottierten. Auch seine machtbewusste Frau Katharina hatte eigene Pläne und nutzte die Angst vor einem bevorstehenden Krieg Russlands gegen Dänemark zur Rückeroberung der verloren gegangenen Holsteiner Gebiete für einen Putsch gegen ihren Gemahl. Zar Peter III., Großfürst von Holstein Gottorf, wurde zur Abdankung gezwungen und starb 1762 unter nicht restlos geklärten Umständen einen unnatürlichen Tod. Neueste Forschungen belegen, dass der Zar großes Interesse an seinem Herzogtum hatte, das er von Russland aus verwaltete. Er sorgte sich um die Finanzen, verhandelte die Herabsetzung der Salzsteuer, damals das wichtigste Lebensmittel, schaffte die Todesstrafe ab und wandelte sie in lebenslange Haft um. Weil er aus Gründen der Staatsräson Russland nicht verlassen durfte, sah er seine Heimatstadt Kiel und sein Herzogtum nicht wieder.

### EINFLUSS KATHARINAS II. AUF KIEL UND DIE UNIVERSITÄT

Die Auswirkungen des Nordischen Krieges waren auch an der Kieler Universität zu spüren. Die Studentenzahl sank von anfangs ca. 150 auf 60, die frei werdenden Professorenstellen wurden nicht wieder besetzt und der Verfall der Gebäude war überall sichtbar. Unter diesen Umständen verzichtete man auf die Ausrichtung der 100-Jahr-Feier 1765. Dem Einfluss der russischen Zarin Katharina der Großen war es zu verdanken, die Residenzstadt Kiel für ihren noch minderjährigen Sohn Paul als Herzog von Holstein-Gottorf zu erhalten. Sie unterstützte die marode Universität mit finanziellen Mitteln, besetzte die vakanten Professorenstellen neu und stiftete das erste eigene Universitätsgebäude unterhalb des Schlosses in der Kattenstraße, das 1768 in Betrieb genommen wurde. Um der von Kieler Bürgern beklagten Duellierfreude der Studenten Einhalt zu gebieten, verbot die Zarin das Tragen des Degens. Stattdessen sollte die Studentenschaft eine lila-weiße Kokarde (bandverzierter Anstecker) am Hut als Zeichen ihrer Zugehörigkeit zur Universität tragen. Die Lieblingsfarben der Zarin Katharina II., Lila und Weiß, sind heute noch das Erkennungszeichen der Kieler Universität.

## *Der Vertrag von Zarskoje Selo 1773*

Mit dem Tod Zar Peters III. war das Schicksal der Holsteiner Anteile Gottorfs aber immer noch ungeklärt. Dänemark war sehr daran gelegen, sich auch die verbliebenen Gebiete Holstein-Gottorfs einzuverleiben, aber nicht durch kriegerische Mittel, sondern durch ein Angebot des finanziellen Ausgleichs. Nach den vielen kriegerischen Auseinandersetzungen der Vergangenheit trieb alle beteiligten Staaten die Sehnsucht nach der »Ruhe des Nordens« um. Die Geheimdiplomatie des Holsteiner Staatsmannes und Juristen Caspar von Saldern (1711–86) tat ein Übriges. Da die männliche Erbfolge galt, verhandelte die Zarin Katharina für ihren zu diesem Zeitpunkt noch nicht volljährigen Sohn Paul 1767 einen Tauschvertrag, der aber erst nach Erreichung der Volljährigkeit umgesetzt wurde. Und so kam es 1773 in Zarskoje Selo (heute Puschkin bei St. Petersburg) zum Austauschvertrag zwischen Russland, das seine Holsteiner Anteile an Gottorf an Dänemark abtrat, und Dänemark, das dafür auf die Grafschaften Delmenhorst und Oldenburg verzichtete. Für Kiel hatte dieser Vertrag weitreichende Folgen. Der Einfluss Russlands war damit beendet und die Stadt war jetzt Teil des dänischen Gesamtstaates.

# Kiel im dänischen Gesamtstaat 1773–1864

Die Zeit von 1773 bis zur Niederlage Dänemarks im Deutsch-Dänischen Krieg 1864 wird gemeinhin als Zeit des dänischen Gesamtstaates bezeichnet und umfasst ein Herrschaftsgebiet mit gemeinsamen Regierungsinstitutionen, aber mit unterschiedlicher Sprache, Religion und Kultur. Dänemark als Kernland bildete unter anderem mit Norwegen, Island, Grönland und Nordfriesland einen Vielvölkerstaat. Seit dem Abtretungsvertrag von Zarskoje Selo gehörten auch die Herzogtümer Schleswig und Holstein in ihrer Gänze dazu, die vom dänischen König in Personalunion regiert wurden, jedoch mit einem Unterschied: Schleswig blieb königlich-dänisches Lehen, Holstein aber war staatsrechtlich kein Teil von Dänemark, sondern bis 1806 deutsches Reichslehen und ab 1815 Teil des Deutschen Bundes.

Die dänische Monarchie war dem aufgeklärten Absolutismus sehr zugetan, ihr lag das Wohlergehen ihrer Untertanen ebenso am Herzen wie die wirtschaftliche Entwicklung ihres Hoheitsgebietes. Dabei erhielt sie die örtlichen Verwaltungsstrukturen und tolerierte die jeweiligen Sprachen. Deutsch war übrigens auch die Sprache der dänischen Oberschicht, deutsche Adlige beeinflussten zudem die dänische Außenpolitik. Mit der Abschaffung der Leibeigenschaft und der Folter sowie der Einführung der Presse- und Meinungsfreiheit gehörte Dänemark zu den fortschrittlichsten Staaten jener Zeit.

## Schlechte Zeiten, gute Zeiten für die Stadt an der Förde

Mit der ordnungsgemäßen Übergabe der Gottorfschen Besitzungen Holsteins an die dänische Krone am 16. November 1773 war eine verwaltungstechnische Umstrukturierung verbunden. Während der königliche Statthalter von Gottorf aus regierte, war für Kiel die deutsche Kanzlei in Kopenhagen zuständig, vertreten durch den Oberpräsidenten mit weitreichenden Befugnissen. Kiel verlor seinen Status als Residenzstadt, viele Verwaltungsbehörden wurden aufgelöst oder mit anderen Stellen zusammengelegt. Von den knapp 6000 Einwohnern verließen ca. 200 Beamte mit ihren Familien die Stadt – ein herber Verlust in allen Belangen. Jetzt zeigte sich, dass Kiel gegenüber Hamburg oder Lübeck nicht konkurrenzfähig war, kein produzierendes Gewerbe und dadurch nur eine geringe Kaufkraft besaß, abseits der großen Handelswege lag und durch Überregulierung und viel zu hohe Gebühren für den überregionalen Handel unattraktiv war. Diese Zustände galt es zu verbessern.

## *Kiel als Drehkreuz für den Transithandel*

Kiel lag zwar am Rand des dänischen Gesamtstaates, war aber ein Teil eines größeren Wirtschaftsbereiches und sollte zum Umschlagplatz von Transitwaren zwischen Dänemark und dem Kontinent ausgebaut werden. Die Entwicklung des Hafens und des Schiffbaus, Abbau von Handelshemmnissen jeder Art, Ausbau der Infrastruktur und Gewerbeansiedlung bescherten der Stadt in der Folgezeit ein ordentliches Auskommen sowie einen bemerkenswerten Bevölkerungszuwachs. 1840 verdoppelte sich die Einwohnerzahl auf 12 000, am Ende der dänischen Zeit 1864 ein weiteres Mal auf 24 000.

## *Verbesserung der Infrastruktur – Der Schleswig-Holstein-Kanal*

Die Idee, eine seegängige Verbindung zwischen Ost- und Nordsee zu schaffen, um den langen und gefährlichen Weg um Skagen herum zu verkürzen, war in der Geschichte immer mal wieder diskutiert worden. Aber erst jetzt, in der friedlichen Zeit zum Ende des 18. Jahrhunderts, sollte diese Idee in die Tat umgesetzt werden, um für Dänemark den Transitverkehr zu erleichtern. 1774 wurde zu diesem Zweck eine königliche Kanalbau-Kommission gegründet, mit dem Ziel, »den Handel zu

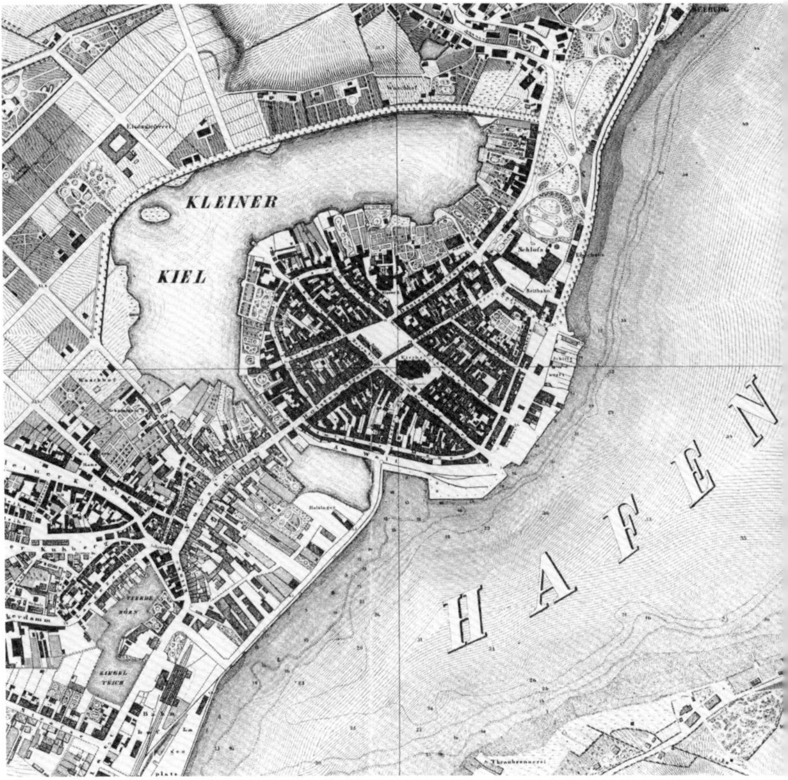


**Stadtplan von Kiel von 1853 mit Halbinsel und Kleinem Kiel**

fordern sowie alle Gewerbezweige im Land auszuweiten«. In einer Rekordzeit von nur sieben Jahren, von 1777 bis 1784, entstand der Schleswig-Holstein-Kanal, ein Wunderwerk der Technik, der von Zeitgenossen mit den damals bekannten Weltwundern verglichen und zur bedeutendsten künstlichen Wasserstraße Europas erklärt wurde. Der 30 m breite und 3,5 m tiefe Kanal erstreckte sich über eine Länge von insgesamt 180 km von Kiel bis zur Nordsee, unter Einbeziehung des längsten Flusses der beiden Herzogtümer, der Eider, sowie kleinerer Flüsse und Seen. Sechs Schleusen waren nötig, um den Höhen-

**Das Packhaus in Kiel-Holtenau am Eingang des Kanals steht unter Denkmalschutz und beherbergt heute Wohnungen und ein Restaurant.**

unterschied zu bewältigen. Treidelpfade wurden angelegt, falls zu wenig Wind zum Segeln herrschte, Packhäuser in Kiel-Holtenau, Rendsburg und Tönning für die Waren sowie Gasthäuser und Pferdestationen wurden gebaut. Drei bis vier Tage dauerte die Passage, 250 Seemeilen konnten so eingespart werden. Lots- und Schleusengeld war zu entrichten. Das Prestigeprojekt der dänischen Krone kostete am Ende 2,5 Millionen dänische Reichstaler und damit viermal mehr als veranschlagt. Der Kanal war zunächst nur für die dänischen Handelsschiffe vorgesehen. Wegen mangelnder Auslastung durften aber schon ein Jahr nach Eröffnung auch andere Handelsnationen mit ihren Schiffen den Kanal passieren. Bis zu seiner Schließung 100 Jahre später sollten 284 000 Schiffe den Kanal genutzt haben. Für Kiel brachte er jedoch nur einen geringen Nutzen, denn die Schiffe erreichten weit vor der Stadt den Einstieg in die Wasserstraße, und auch die anfallenden Gebühren kamen der Stadt nicht direkt zugute. Einzig die Zwischenlagerung der Güter bis zum Weitertransport bescherte Kiel Einnahmen.

**VON LITZENBRÜDERN UND TABAKSPINNERN**

Die seit 1704 in einer Bruderschaft organisierten *Litzenbrüder* hatten das Recht, die Schiffe zu be- und entladen. Schon von weitem waren sie an ihrem langen, weißen Leinenkittel zu erkennen. Ein weiteres Merkmal waren die Stricke, die sogenannten Litzen, zum Tragen von schweren Lasten. Für ihre Arbeit erhielten sie Litzgeld, ein höchst einträgliches Geschäft, je mehr Waren im Hafen ankamen. Die Stellen waren so begehrt, dass die Stadt freiwerdende meistbietend versteigerte. War noch die Verleihung des Bürgerrechts vom Rat der Stadt Voraussetzung für die Tätigkeit, bekam der einst ehrbare und angesehene Beruf später die Bedeutung eines Gelegenheitsarbeiters oder Tagelöhners, bevor er ganz verschwand. *Überfahrer* übernahmen mit ihren Booten den Transport der Güter über die Förde. Vor allem Korn wurde so zu den Mühlen an der Schwentinemündung transportiert. Erst 1866 stellten Fähren die regelmäßige Verbindung zwischen Ost- und Westseite der Förde her. Der *Brückenschreiber*, heute als Hafenmeister bezeichnet, trieb das Hafengeld von den Schiffen ein, die *Brückenfahrleute* kümmerten sich um die Verteilung der Waren innerhalb der Stadt, die *Frachtfahrer* übernahmen außerhalb der Stadtgrenzen den Transport und waren die Vorläufer der Speditionen. Die *Reepschläger* fertigten Seile, Tampen und Taue auf der ihnen zugewiesenen Reeperbahn. Mit dem aufkommenden Kolonialwarenhandel hatten auch die *Tabakspinner* ihr Auskommen. Sie schnürten die Tabakblätter zu 3–4 cm dicken Seilen, von denen die Kunden ein geeignetes Stück kauften, um die Pfeife zu stopfen. In dänischer Zeit waren die Tabakspinner verpflichtet, eine Genehmigung zum Verkauf zu beantragen und eine Schutzmarke mit ihrem Namen in die Rollen einzuspinnen.



## Die Kieler Schiffsbrücke

Der Kieler Hafen hatte aber andere Vorzüge und konnte mit einer konstanten Wassertiefe um die 10 m punkten, geeignet auch für große und schwer beladene Schiffe. Wo die Tiefe nicht natürlich erreicht werden konnte, setzte man spezielle Bagger ein, die den Hafen von Schlick, Sand und Unrat befrei ten. Die Kieler Schiffsbrücke musste immer wieder für höhere Ansprüche und größere Schiffe erneuert und ausgebaut werden, um genügend Anlegestellen vorzuhalten. Mit dem Ausbau des Wegenetzes im Hinterland konnten die Waren an ihren Bestimmungsort gebracht werden; dazu waren viele Arbeitskräfte notwendig und neue Berufe entstanden. Zum Transithandel kam die seit 1780 regelmäßige Fährverbindung zwischen Kiel und Kopenhagen hinzu und später auch eine Tagespostdampfschifffahrtslinie nach Korsør.

## Der Bau der Kieler Chaussee

Die Hinterland-Anbindung und damit Kiels Teilhabe an den überregionalen Handelswegen, eine Idee schon aus den Gründungstagen der Stadt, sollte jetzt fortgeführt werden. Grundlage waren der Ochsenweg zwischen Flensburg und der Elbe und die alte Heerstraße, auch Königsweg genannt. Zwischen Kiel und Altona, damals der südlichste Punkt des dänischen Reiches und noch nicht Teil Hamburgs, entstand 1813 zunächst eine Postverbindung, 1825 nahm eine Eilpostkutsche mit Personenbeförderung den Betrieb auf, bevor 1830–33 die erste künstlich hergestellte, mit Schotter befestigte und mit Drainagegräben versehene Straße, die Kiel-Altonaer Chaussee, später bekannt als Hamburger Chaussee, gebaut wurde. Die Fahrzeit für die 13 Meilen (97 km) reduzierte sich von 16 auf neun Stunden, 13 Schlagbäume mussten passiert werden und ein Schilling Wegegeld pro Person, Pferd, Kutsche oder Fuhrwerk war zu entrichten.

## Die erste Bahnverbindung zwischen Kiel und Altona

Eine weitere Verbesserung der Verkehrswege verband sich 1844 mit der Eröffnung der König-Christian VIII.-Ostseebahn, einer Eisenbahnverbindung zwischen Altona und Kiel. Jetzt verkürzte sich die Fahrzeit der Strecke auf zweieinhalb Stunden. Um die Eröffnung der Bahn am Geburtstag des Königs, am 18. September 1844, vornehmen zu können, war Eile geboten. Deshalb konnten Wärterhäuschen, Streckenposten und Bahnhöfe erst später fertiggestellt werden. Auch Kiel bekam seinen ersten Bahnhof, und zwar auf dem Gebiet der heutigen Hauptpost.

## *Laternen, Kopfstein und Piepenbäume*

Auch die städtische Infrastruktur profitierte vom wirtschaftlichen Aufblühen der Stadt. 1724 gab es bereits eine öffentliche Beleuchtung, nämlich mit Öl oder Tran befeuerte Laternen, die über Gebühren von den Hauseigentümern instand gehalten wurden. Allerdings war die Lichtausbeute sehr schwach, die Anzahl der Laternen gering und der Wartungsaufwand sehr hoch. Nachtwächter sorgten zudem dafür, dass die Laternen kurz nach Mitternacht gelöscht wurden und in Vollmondnächten gar nicht erst brannten. Jeder Haushalt hielt daher eine eigene Laterne vor; wer keine hatte, dem leuchteten die »Latüchtenjungs« gegen ein kleines Entgelt heim. Erst 1854 erhielt Kiel eine moderne Gasbeleuchtung. Von den einstmals 320 Gaskandelabern ist heute nur noch einer als Schmuckstück erhalten und schon längst elektrifiziert.

Die Kieler Straßen verharrten noch im mittelalterlichen Zustand. Bei Regenwetter wurden Holzbretter, »Schlengel« genannt, ausgelegt, um ein Fortkommen im Schlamm zu ermöglichen. Oder man nahm die Dienste der Porteure in Anspruch, die die Kunden im Tragestuhl (»Portchaise«) an ihren Bestimmungsort transportierten. 1781 ordnete die dänische Regierung eine Pflasterung der unbefestigten, ausgefahrenen und verunreinigten Wege an. Leicht erhöhte, schmale Bürgersteige wurden zu beiden Seiten angelegt, der Fahrweg erhielt Abflussrinnen und eine Kopfsteinplattierung. Das eingeführte »Gossenrecht« bestimmte die Ausweichregeln auf dem Trottoir: Auszuweichen hatte derjenige, der der Hauswand am nächsten war. Jacob Friedrich Nicolaus Lorentzen (1782–1851), der den gleichnamigen Damm am Kleinen Kiel bauen ließ, machte sich um die Kieler Straßen verdient und ging als »Senator Kopfstein« in die Annalen der Stadt ein. Heute verschwindet das alte Pflaster mehr und mehr aus dem Kieler Stadtbild.

HINTERGRUND

**DIE DAMENSTRASSE IM ROTLICHTVIERTEL**

Dem Beispiel Lorentzens folgend wollten auch die Damen der feineren Gesellschaft ihren Beitrag zur Verschönerung der Stadt leisten und spendeten die Pflasterung der Straße am Hafen, allerdings mit der Auflage, dass dieser Bereich auch mit den Spenderinnen in Zusammenhang zu bringen sei. Man einigte sich also auf die Bezeichnung »Damenstraße«. Durch die Nähe zum Hafen angelockt und mit Aussicht auf gute Geschäfte entdeckten aber andere Damen diesen Bereich für sich, nämlich die Damen des horizontalen Gewerbes, die die Straßenbezeichnung auch als Werbung für sich in Anspruch nahmen. Die Spenderinnen waren empört und sorgten für eine Umbenennung des Straßenzuges in »Wall«, was den geografischen Gegebenheiten entsprach. Name und Gewerbe sind heute noch an gleicher Stelle.

Auch die Wasserversorgung in der Stadt bedurfte dringend einer Erneuerung. Es gab seit 1444 unterirdische hölzerne Leitungen, sogenannte Pfeifen- oder Piepenbäume (Piep: niederdeutsch für Rohr), die mit entsprechendem Gefälle das Wasser von den umliegenden Seen und Teichen zu den öffentlichen Zapfstellen, in das Schloss und in andere privilegierte Privathäuser leiteten. Mit den 10 000 Reichstalern aus dem Testament des Hof- und Landgerichtsadvokaten Carl Friedrich Schmidt 1821 verband sich die Auflage, die morschen Holzleitungen vor allem in der Holstenstraße durch eiserne zu ersetzen und die Pflasterung vorzunehmen. Jedoch erst 1870 wurde ein Leitungssystem installiert, das alle Straßen und Häuser des Stadtgebietes miteinbezog. Im Jahr 1951 kamen die letzten Pfeifenbäume an die Oberfläche und wurden durch neue Tonleitungen ersetzt. 1817 wurden die öffentlichen Brunnenstellen mit Handpumpen versehen. Das schützte vor Verunreinigung, hatte aber den Nachteil, dass in der Nacht, wenn kein Wasserbedarf bestand, die Brunnen überliefen. Gerade im Winter gefror das überschüssige Wasser zu Eis und wurde zur Rutschbahn. Die Einrichtung von Brunnenhäusern mit großem Reservoir war die Lösung. 1843 erregte die Verlegung des Marktbrunnens auf den Vorplatz der Nikolaikirche den Zorn des Pastors Claus Harms (1778–1855), der das Vorgehen der Stadt als gewalttätig, hinterlistig und rücksichtslos bezeichnete, mit der Begründung, dass »die Heiligkeit des Ortes eine Maschine zu Diensten des gemeinen Lebens« nicht vertrüge.



### KÜHLS GELDBEUTEL

Das ruhige und friedvolle Leben zu Beginn der dänischen Herrschaft in den Herzogtümern und die Investition in die Verbesserung der Infrastruktur sorgten für einen bescheidenen Wohlstand auch in Kiel. Der Kieler Kaufmann Johann Joachim Kühl (1747–1820) ist ein gutes Beispiel, wie man sich mit Weitsicht, viel Talent und einer guten Portion Raffinesse die neuen wirtschaftlichen Gegebenheiten zunutze machen, aber auch, wie man alles wieder verlieren konnte. Durch Einheirat wurde er Besitzer der Loh- und Ölmühle sowie der Kornmühle auf dem östlichen Fördeufer in Neumühlen an der Schwentinemündung. Er betrieb eine Seifensiederei, eine Kalkbrennerei, ließ Schiffe für den Transport seiner Waren bauen, unterhielt Handelsbeziehungen nach Holland, England, Spanien, Portugal und war mit einer eigenen Agentur in Altona vertreten. Was dem umtriebigen Kaufmann aber noch fehlte, war das Kieler Bürgerrecht, das seine Schiffe von der Hafenabgabe befreite. Die Verleihung war an den Besitz von Grund und Boden in der Stadt geknüpft – Neumühlen gehörte damals noch nicht zu Kiel –, und so erwarb er 1787 ein Haus samt Grundstück am Kleinen Kuhberg, ohne dort zu wohnen, ein Trick, mit dem er die gesamte Kieler Kaufmannschaft gegen sich aufbrachte. Mit seinem Reichtum erwarb er sich zudem nicht nur das Recht auf ein eigenes Chorgestühl in der Nikolaikirche, sondern 1805 auch die beiden Güter Schönhorst und Oppendorf mitsamt Waldbestand und Ländereien, die zusammen größer als das Stadtgebiet Kiels waren. 1816 musste Kühl seine Güter aufgrund schwieriger wirtschaftlicher Verhältnisse kurzfristig beleihen, konnte aber schnell das nötige Geld aufbringen, um seine Besitzungen auszulösen. Dazu ließ er den größten Teil seines Waldbestandes fällen und machte ihn zu Geld. Der Holzstapelplatz auf einer Koppel in Neumühlen hieß daher im Volksmund »Kühls Geldbeutel«, die kleine Straße gibt es heute noch. Jetzt aber schlug die Stunde der privaten Gläubiger vor allem aus der Kieler Kaufmannschaft, die es sich leisten konnten, auf die angebotenen Rückzahlungen zu verzichten: Sie sorgten so dafür, dass der Kaufmann Kühl sein ganzes Vermögen verlor.

## Politische Großwetterlage – Nun auch noch Napoleon?

Die oben genannten »schwierigen wirtschaftlichen Verhältnisse«, die dem Kaufmann Kühl zu schaffen machten, waren Auswirkungen der politischen Großwetterlage, denn nach der Französischen Revolution überzog Napoleon Europa mit Krieg um die Vorherrschaft auf dem Kontinent. Nach seiner Niederlage bei Trafalgar gegen die Briten 1805 verhängte er zwischen 1806 und 1814 eine Kontinentalsperre, um Englands Handel empfindlich zu stören und um die französische Wirtschaft zu stärken. Beides ging nicht auf. Die Waren fanden durch Schmuggel ihren Weg an den Bestimmungsort; dabei spielten die Hochseeinsel Helgoland und der Schleswig-Holstein-Kanal eine nicht unwesentliche Rolle. Dänemarks Neutralität in diesem Konflikt, durch verschiedene Bündnisse abgesichert, sorgte für ein Aufblühen von Handel und Transport in den Herzogtümern, wovon auch Kiel profitierte. Als die Engländer aber 1807 die dänische Flotte in Kopenhagen angriffen und raubten, war es mit der Neutralität vorbei. Dänemark schlug sich auf die Seite Frankreichs; damit fand eine längere Friedenszeit ihr Ende. Auch Kiel als aufstrebende Stadt an der Förde war davon betroffen und fand sich kurzzeitig im Mittelpunkt des europäischen Kriegsgeschehens wieder.

## Kiel im »Kosakenwinter« 1813/14

Die aus schwedischen, russischen und preußischen Truppen bestehende Nordarmee unter Führung Englands setzte sich nach der Völkerschlacht bei Leipzig 1813 Richtung Norden in Bewegung und schlug in Kiel ihr Hauptquartier auf. Die dort stationierte dänische Garnison musste sich geschlagen nach Rendsburg zurückziehen. Der Befehlshaber der Nordarmee, der schwedische Marschall mit französischen Wurzeln Jean-Baptiste Bernadotte, der spätere König Karl Johann von Schweden, nahm zwischen dem 16. Dezember 1813 und dem 25. Januar 1814 im Buchwaldtschen Hof in Kiel Quartier. Stadt und Land waren auf diese Situation nicht vorbereitet und litten unter Requirierungen, Beschlagnahmungen, Einquartierungen und den Forderungen nach Nahrungsmitteln und Dingen des täglichen Bedarfs für eine ganze Armee von 7000 bis 8000 Mann samt Pferden und Wagen. Damit kam auf jeden Bürger Kiels mindestens ein Soldat, der versorgt werden musste. Zudem mussten Lazarette eingerichtet und unterhalten werden und auch das Schloss, die Nikolaikirche und das Hörsaalgebäude der Universität wurden zweckentfremdet. Die Wintervorräte waren schnell aufgebraucht und die Versorgungslage verschärfte sich noch durch den besonders harten und schneereichen Winter. Die Arbeit im Hafen kam praktisch zum Erliegen, der Nachschub versiegte und Brennholz wurde knapp. Ein Heer von Flüchtlingen, Hungernden und Bettelnden bevölkerten die Kieler Straßen. Die Stadt rief die Bürger zu Unterstützung und Spenden auf. Gleichzeitig sollten sie aber auch mit der Aufforderung zur Begleichung ihrer Steuerschuld die leere Stadtkasse füllen. Weil vielen Kielern die Kosaken, die nur ein Teil der russischen Armee bildeten, mit ihrer exotischen Kleidung, der seltsamen Kopfbedeckung und fremden Sprache in Erinnerung geblieben sind, wurde der Winter auch als »Kosakenwinter« bezeichnet.

## *Kieler Frieden und die Folgen*

Mit der Kapitulation Dänemarks und der Unterzeichnung des Friedensvertrages am 14. Januar 1814 im Buchwaldtschen Hof in Kiel, bei dem Dänemark Norwegen an Schweden abtreten musste, verließen die Truppen Kiel Ende Januar Richtung Lübeck. Für Norwegen verband sich mit dem Friedensschluss der Weg zur Unabhängigkeit und Staatsgründung. Der dänische Staat hingegen büßte die Aufgabe seiner Neutralität und die Beteiligung an diesem Konflikt mit der Reduzierung seines Territoriums und der Bevölkerung um ein Drittel und schrumpfte auf die Größe eines Kleinstaates. Der Krieg hinterließ einen Gesamtschaden von 10 Mio. Reichstalern und marode Staatsfinanzen, die einen Währungsverfall, eine hohe Teuerungsrate, Zwangsversteigerungen und Konkurse nach sich zogen. Und auch die Kieler mussten weiter leiden. Vier Wochen Belagerung reichten aus, um eine von Plünderungen, Hungersnöten und Krankheiten gezeichnete Stadt zu hinterlassen. Das Wenige, was noch vorhanden war, musste mit den Bedürftigen geteilt werden. Der versprochene finanzielle Ausgleich für die Einquartierung war kaum der Rede wert. Jetzt zog Dänemark seine Bürger auch noch mit Sondersteuern zur Begleichung der Kriegslasten heran. Mit einem Appell an die Solidarität wurden alle reichen Kieler Bürger verpflichtet, 80 Reichstaler pro Haus als Zwangsabgabe zu entrichten. Der Unmut in der Bevölkerung wuchs, man fühlte sich »ausgepresst wie eine Zitrone« und sah den Gesamtstaat in der Verantwortung für die missliche Lage. Erste Rufe nach Loslösung von Dänemark wurden laut.

## *Soziale Verhältnisse um 1800*

Die Kieler lebten ein überschaubares und bescheidenes Leben, festgefügt in die gesellschaftlichen Strukturen, in denen jeder seinen Platz hatte. Die Bevölkerung setzte sich aus Mitgliedern der Universität, Beamten, Staatsbediensteten, Bürgern, Militärangehörigen und Kaufleuten mit entsprechendem Personal zusammen. Die Handwerker waren in den Zünften organisiert, die über strenge Auslegung und Einhaltung der Zunftregeln wachten. Auf dem Lande lebten die Bauern zumeist noch in Leibeigenschaft der Gutsherren. Für die Erlaubnis zur Bewirtschaftung der Felder mussten sie Abgaben entweder in Geld oder Naturalien leisten. Der Gutsherr bestimmte ihren Aufenthaltsort, gab die Erlaubnis zur Heirat und hielt die Bauern in vollständiger Abhängigkeit. Dafür standen sie unter seinem Schutz, er kam für Arzt- und Medizinkosten auf, kümmerte sich um die Altersversorgung und das Schulwesen. Nach Beschluss der Ritterschaft in den Herzogtümern wurde die Leibeigenschaft zwar 1796 aufgelöst. Die neue Freiheit brachte vielen aber kein Glück. Dazu kamen Missernten und Wetterkapriolen. Auf das von der dänischen Regierung schon 1771 eingeführte Lottospiel, das die Staatskasse füllen sollte, setzten auch viele arme Leute alle Hoffnung. Nicht selten führte dieser Weg in den Bankrott.

## *Gelebte Humanität der Aufklärung*

Der von der Französischen Revolution ausgehende Freiheits- und Gleichheitsgedanke manifestierte sich in der Verpflichtung jedes Einzelnen, sich für sein Umfeld zu interessieren und es mitzugestalten. Vor allem das gebildete Bürgertum fühlte sich zu sozialem Engagement berufen. Die vielen Armen und Bettler, darunter viele Kinder, waren im Stadtbild nicht zu übersehen. Diebstähle und Einbrüche waren an der Tagesordnung. Hinzu kamen noch Mittellose, die durch den Transitverkehr angelockt wurden und in Kiel ein Auskommen suchten und die die ohnehin schon schwindende Spendenbereitschaft strapazierten. Bereits 1768 verfügte daher die dänische Regierung die Einrichtung der Armenpflege, gespeist aus privaten Beiträgen. Weil das nicht ausreichte, wurde eine einkommensabhängige Armensteuer eingeführt. Aber auch diese vermochte die Not nicht zu lindern. Um hier Abhilfe zu schaffen engagierten sich Kieler Bürger in der 1793 gegründeten Gesellschaft freiwilliger Armenfreunde. Unter Leitung des Professors für Kameralistik und Forstwirtschaft, August Christian Heinrich Niemann (1761–1832) nahm die Armenanstalt und die Freischule in der Schuhmacherstraße ihre Tätigkeit auf. Ziel war es, Hilfe zur Selbsthilfe zu leisten, Arme in Arbeit zu bringen, sie wieder an Regeln zu gewöhnen, häusliche Ordnung, Reinlichkeit, sittliches Betragen und Fleiß zu propagieren. Die frühe Förderung und Bildung der Kinder in den beitragsfreien Freischulen war besonders wichtig, damit Armut gar nicht erst entstand. Mit der Schulreform wurden erstmals Schulpläne aufgestellt, Prüfungen eingeführt und der Schulbesuch überwacht. In den neu eingerichteten Arbeitsanstalten erwarben die Arbeitslosen neue Kenntnisse, Fertigkeiten und lernten feste Strukturen kennen, die selbstständiges Arbeiten, z. B. Heimarbeit, möglich machten. Besonders Frauen waren lernwillig, ihre Zahl stieg innerhalb eines Jahres von 83 auf 208. Auch der Spargedanke setzte sich mit der Einführung der Sparkasse durch, nach dem Motto: Spare in der Zeit, so hast du in der Not! Höchstens 100 Taler konnten bei einer Verzinsung von 4 % eingezahlt werden. Etwaige Überschüsse kamen der Armenfürsorge zugute. 1799 genehmigte der dänische König auch eine Leihkasse, mit der jetzt Kredite für Anschaffungen aufgenommen werden konnten. Die Kieler Spar- und Leihkasse war im 19. Jahrhundert das wichtigste Geldinstitut in Kiel und hat von Beginn des 20. Jahrhunderts bis heute seinen Sitz am Kleinen Kiel. Im selben Jahr wurde auch die Taubstummenschule gegründet, in der die militärische Signalsprache auf die besonderen Bedürfnisse der Behinderung übertragen wurde.

Auch die Krankenversorgung für Mittellose war ein Problem. Mit der Einrichtung des ersten Krankenhauses mit 30 Betten machte der Mediziner und Botaniker Georg Heinrich Weber (1752–1828) 1791 erstmals eine stationäre Aufnahme möglich. Der eigene Lehr- und Kräutergarten lieferte die Grundlagen für die Arzneien. Beide Einrichtungen dienten auch der Ausbildung des medizinischen Nachwuchses der Universität. Die Armen und Mittellosen wurden unentgeltlich behandelt. Der Bedarf an sozialen Einrichtungen für Bedürftige war groß, und so wurde 1832 eine Zwangsarbeiteranstalt für »Trunkenbolde und Müßiggänger« eingerichtet, es folgten eine Volksbibliothek, eine Frauen-Gewerbeschule und die Volksküche für die Armenspeisung.

Der Erfolg des sozialen Engagements war nicht zu übersehen, die Bettler verschwanden aus dem Stadtbild. Die andere Seite der Medaille waren aber Kontrolle und Zwang, die durch Hausbesuche, Befragungen der Nachbarn und Offenlegung der privaten Verhältnisse ausgeübt wurden. Wer sich nicht an die Regeln hielt, fiel durch das soziale Netz.

## Bürgerliche Öffentlichkeit

Das soziale Engagement und die Sorge um die Mitmenschen war der eine Aspekt des aufgeklärten Bürgertums, das Interesse an Politik, Kunst und Kultur ein anderer. Nicht nur in adligen Kreisen auf den Landgütern versammelten sich Künstler, Literaten, Politiker und Wissenschaftler jener Zeit in den »Salons«, um über wichtige Themen des Zeitgeschehens zu diskutieren. Auch das Bürgertum nahm seinen Anspruch, durch Erkenntnisgewinn zum selbstverantworteten Handeln zu kommen, sehr ernst. Das manifestierte sich in den Gründungen vielerlei Vereine, in denen sich Gleichgesinnte trafen. Kiels älteste Vereinigung ist bis heute die Große Grüne Schützengilde, die schon 1412 zur Verteidigung der Stadt und zur gegenseitigen Unterstützung der Mitglieder in schwieriger Zeit ins Leben gerufen worden war. Für ihre Verdienste gewährte der Kieler Magistrat besondere Privilegien wie Steuerfreiheit und bis heute die Nutzung des Ratssaales oder des Ratsherrenzimmers für die Versammlungen.

Das Vogelschießen als Übung zur Verteidigungsbereitschaft war genauso wichtig wie später die Geselligkeit. Die Bedeutung des jährlich stattfindenden Schützenfestes stand den Vergnügungen des Kieler Umschlags in nichts nach und dessen Besuch war ein Muss. Die Mitgliedschaft war für alle wichtigen Bürger Kiels von besonderer Bedeutung und obligatorisch. Während der friedlichen dänischen Zeit kamen die Liedertafel, der Gesangs- und der Kunstverein sowie der Kieler Männerturnverein (KMTV) dazu, nachdem man Sport nicht mehr als staatsgefährdend, sondern körperliche Ertüchtigung als Voraussetzung zur geistigen Entwicklung ansah. Gesundheitsbewusstsein führte 1822 auch zur Eröffnung der ersten Seebadeanstalt an der Kieler Förde an der Wasserallee, heute Düsternbrooker Weg. Der durch eine Aktiengesellschaft finanzierte Betrieb ließ das Badevergnügen im warmen oder kalten Wasser, in der Badestube oder in der Förde zu, natürlich streng nach Geschlechtern getrennt. Die Waldwirtschaft »Sanssouci« in unmittelbarer Nähe lud anschließend zu Kaffee und Tanz ein.

## »Harmonie« für alle Sinne

Für die im Jahre 1800 vom gehobenen Bürgertum, der Kieler Kaufmannschaft und Teilen des Militärs gegründete Gesellschaft »Harmonie« war Sitte und Wohlanständigkeit oberstes Gebot. Zur Wahrung der Harmonie untereinander empfahl die Geschäftsordnung, auf Hunde, Geschrei, Lärm, Pfeifen und Singen zu verzichten. Den zeitweise bis zu 1200 Mitgliedern soll-

HINTERGRUND

**KIEL LITERARISCH**

Der Waldwirtschaft »Sanssouci« im Düsternbrooker Gehölz hat der Husumer Dichter Theodor Storm (1817–88) literarisch ein Denkmal gesetzt. In seiner Novelle »Auf der Universität« (1862) verarbeitete er die Eindrücke seiner Studentenzeit in Kiel zwischen 1838 und 1842 und verband sie mit einer wahren Begebenheit zu einer tragischen Geschichte. Storm blieb Kiel sehr verbunden und meinte: »Kiel ist (...) die schönste Stadt im schönen Holstein.« Anstelle der nun abgebrannten Waldwirtschaft erinnert heute ein Granitfindling an den Dichter und sein Werk.

Das Anliegen des niederdeutschen Dichters Klaus Groth (1819–99) war die allgemeine Anerkennung des Plattdeutschen als Literatursprache. Mit seinem Gedichtband »Quickborn« wurde er bekannt, erhielt 1866 den Professorentitel der Kieler Universität und 1899 die erste Ehrenbürgerwürde der Stadt. In vielen Gedichten hat er seine Wahlheimat Kiel geehrt.

Detlef von Liliencron (1844–1909), der Verfasser der Ballade über die Schrecken der Nordsee mit dem Titel »Trutz, blanke Hans«, verband mit Kiel eine unbeschwerte Kindheit und Jugend. In seinen Lebenserinnerungen beschreibt er die Ausflüge in den verbotenen botanischen Garten, die Gründung einer Schülerverbindung nach dem Vorbild der Studenten, Ausflüge in die reizvolle Umgebung und Konzerte in der »Harmonie«. 1909 erhielt er die Ehrendoktorwürde der Christian-Albrechts-Universität. Von ihm ist folgende Anekdote überliefert: Als bei einem Essen sein Tischnachbar seine Ahnen in den höchsten Tönen lobte, meinte Liliencron ganz trocken: »Wissen Sie, junger Mann, Sie erinnern mich an eine Kartoffel, da liegt das Beste auch unter der Erde.«

ten »anständige Unterhaltung und Vergnügungen und durch ein Leseinstitut eine angenehme und nützliche Erholung von ihren Berufsgeschäften geschaffen« werden. Vorbilder waren ähnliche Vereinigungen in Hamburg, Göttingen und Jena. Mit Vorträgen zu aktuellen Themen, Konzertveranstaltungen und Bällen, zu denen auch die jungen Damen zugelassen waren, die in der Gesellschaft debütierten, war die »Harmonie« wichtiger Bestandteil des gesellschaftlichen Lebens in Kiel. Zwischen 10

Uhr morgens und 11 Uhr abends war das Vereinsheim in der Schuhmacherstraße mit Kegelbahn und Billardtisch geöffnet. Der Aufbau einer umfassenden Bibliothek sowie das Vorhalten von mindestens 15 Zeitschriften in englischer, französischer und dänischer Sprache sorgten für eine intensive politische Meinungsbildung, bei deren kontroverser Diskussion die Harmonie freilich nicht immer eingehalten werden konnte.

Fast das gesamte 19. Jahrhundert hindurch war die »Harmonie« Stätte der politischen und geistigen Bildung, bis das Aufkommen von Zeitungskiosken, an denen sich jeder selbst mit Informationen versorgen konnte, und schwindende Mitgliederzahlen 1896 zur Auflösung führten.

### Beständigkeit für die Kieler Universität

Die Hochschule profitierte von der Zugehörigkeit zum dänischen Gesamtstaat, war sie doch nach Kopenhagen die zweite Hochschule, wenn auch mit 200 Studenten um 1800 eine kleine Landesuniversität der beiden Herzogtümer. Durch die Einführung des Bienniums, das den in den Staatsdienst strebenden Studenten mindestens ein zweijähriges Studium in Kiel abverlangte, kamen immer wieder neue Hochschüler in die Stadt. Die einen genossen die Lage an der Förde und die liebliche Umgebung, die anderen klagten über viel Wind und Regen.

Um 1800 zählte das Kataster in Kiel 24 Professoren mit ihren Familien und im Schnitt bis zu drei Hausangestellten, die alle auf der Kieler Altstadthalbinsel wohnten. Das Gehalt der Hochschullehrer war eher gering und wurde durch kostenpflichtige Vorlesungen und Seminare in den Privaträumen sowie durch Untervermietungen an Studenten aufgestockt. Die Professoren galten gemeinhin als würdig, fleißig, der Wissenschaft zugetan, aber auch als eigenwillig und eifersüchtig und sie mussten sich der staatlichen Kontrolle des von der dänischen Regierung eingesetzten Kurators unterstellen, der auf Fleiß, regelmäßige Vorlesungen und sparsame Reisekosten zu achten hatte. Dafür hüteten die Universitätsangehörigen ihre verliehenen Privilegien wie eigene Gerichtsbarkeit und Steuerfreiheit, die bei jedem Machtwechsel im Land wieder bestätigt werden mussten, bis der preußische Staat diese 1867 ganz aufhob.

Die Professoren sorgten sich um die nötige Ernsthaftigkeit der Studenten für ihr Studium, weil es in Kiel zu viel Abwechslung gab, und wandten sich deshalb gegen den Bau der Badeanstalt in Düsternbrook und gegen den Besuch von Theateraufführungen.

Wenn man den zahlreichen Aufzeichnungen ehemaliger Studenten jener Zeit Glauben schenken darf, dann war das Leben der Studenten in der Tat eher von Sorglosigkeit und Vergnügen geprägt, denn von intensivem Lernen, selbstständigem Arbeiten oder kritischem Denken. Das mag auch daran gelegen haben, dass die Bibliothek nicht immer zugänglich war, die Bestände nicht auf dem neuesten Stand gehalten wurden und die gesuchten Bücher oft ausgeliehen waren. Das Gefälle zwischen Arm und Reich war auch in der Studentenschaft zu bemerken. Die Höhe des elterlichen Wechsels entschied darüber, ob sich der akademische Nachwuchs eine eigene »Bude« mit Ofen leisten konnte, immer genügend Rauchwaren zur Verfügung standen und der Besuch von Gasthäusern oder anderen Ausflugszielen möglich war. Die weniger betuchten Kommilitonen fanden sich gerne in den beheizten Stuben ein, vor allem im Winter. Zur Ausstattung eines Studenten gehörte eine durch Schnüre, Quasten und Aufnäher auffallende Kleidung, die flache Kappe mit lackiertem Schirm, Tabaksbeutel und Pfeife – erst ab 1821 war das Rauchen während der Vorlesung verboten – und der Stock aus Dornholz für etwaige Holzereien (Prügeleien) als Ersatz für den verbotenen Degen.

## Umsetzung der universitären Gerichtsbarkeit

Das Fechten war aber immer noch eine gern ausgeführte Freizeitbeschäftigung der Studenten, das Duellieren allerdings war nicht erlaubt. Und doch sind zwischen 1815 und 1818 61, allein im Jahr 1829 50 Duelle aktenkundig. Das Verbot der Duelle in Kieler Lokalen wurde durch das Ausweichen auf das Ostufer der Förde umgangen. Es kam immer wieder zu Zusammenstö-

**Burschenschaft „Teutonia" zu Kiel im Hinterhof des Korporationshauses in der Waitzstraße 1912**

ßen zwischen der Studentenschaft, den Handwerksgesellen und dem Militär. Durch den hohen Krankenstand litt das Studium. Jedes Duell war auch eine Kostenfrage, mussten doch Sekundanten und Zuschauer bezahlt werden. Das Kieler Consistorium (Verwaltung) der Universität ahndete den »Terror der Klinge« mit Karzerhaft, die in zwei Räumen unter dem Dach des Universitätsgebäudes in der heutzutage nicht mehr existierenden Kattenstraße abzusitzen war. Weitere Haftgründe waren Mitgliedschaft in unerlaubten Verbindungen, Beleidigungen und unterlassene Schuldenbegleichung. Zwei Jahre wurden für den Tod eines Duellanten verhängt, fünf Tage für nächtliches Grölen und Fahren in einer Schubkarre über den Alten Markt. Für die 600 Inhaftierten zwischen 1800 und 1839 hatte die Karzerhaft offenbar keine abschreckende Wirkung. Das Gefängnis wurde im studentischen Sprachgebrauch verniedlichend als »Sanssouci« oder »Sommer-/Winterpalais« bezeichnet, die in den Karzerbüchern festgehaltene Poesie zeugt von Humor und bei Bowle und Karpfen ließ man es sich gutgehen, unter den wohlwollenden Augen des Karzerdieners.

**WIE KANT NACH KIEL KAM, ODER: DER ZOPF IST AB**

Der Philosoph Karl Leonhard Reinhold (1757–1823) nahm 1794 einen Ruf als ordentlicher Professor der Philosophie an der Kieler Universität an. Er hatte sich als engagierter Vertreter der Aufklärung und Kenner der Thesen Immanuel Kants einen Namen gemacht. Sein Buch über dessen Philosophie wurde einer breiten Öffentlichkeit bekannt, entsprechend hoch waren die Erwartungen des Kieler Publikums an seine Vorlesungen. Jeder, der auf sich hielt und fünf Reichstaler Eintritt zahlen konnte, wollte von der Kunst des Denkens hören. Der Andrang war so groß, dass kein Hörsaal groß genug war, die Interessierten aufzunehmen. Die Verehrung des Professors ging sogar so weit, dass man den Stil der Kleidung, die Art zu gehen oder einen Stock mitzuführen, übernahm. Als Reinhold seine Haare nach Jacobiner Art als »Rundkopf« trug, gab es kein Halten mehr. Die Kieler Gesellschaft entledigte sich im Handumdrehen der Zöpfe, Perücken, Pomade und des Puders. Die einzigen, die sich nicht darüber freuten, waren die Friseure. Die tägliche Haarpflege war nicht mehr nötig, stattdessen warteten sie jetzt auf Kundschaft.

# Nationalbewusstsein und der Konflikt mit Dänemark

## Sorge um die Einheit Schleswig-Holsteins

Das staatsrechtliche Konstrukt der beiden Herzogtümer, nachdem nun auch das Herzogtum Holstein von der dänischen Krone in Personalunion verwaltet wurde, bot immer wieder Stoff für Diskussionen. Als 1806 das Heilige Römische Reich Deutscher Nation, dem das Herzogtum Holstein als Reichslehen angehört hatte, aufgelöst worden war, sah der dänische König darin eine gute Gelegenheit, sich des nun »herrenlosen« Herzogtums zu bemächtigen und dieses vollständig dem Gesamtstaat einzuverleiben. Um die Beziehungen zum dänischen Königshaus zu festigen, sollte Kiel wieder Residenzstadt und das Schloss Wohnort für den dänischen Kronprinzen Friedrich VI. (1768–1839) und seine Familie werden. 1807 wurde zunächst die Zweisprachigkeit in den Herzogtümern eingeführt, drei Jahre später war Dänisch alleinige Amtssprache bei Gericht, in der Kirche und den Schulen sowie Voraussetzung für die Neubesetzung von Regierungsstellen.

Die schleswig-holsteinische Ritterschaft sah die Entwicklung mit Sorge und die im Ripener Vertrag verbriefte Einheit beider Herzogtümer in Gefahr, zumal der König bei Amtsantritt die Privilegien noch nicht bestätigt hatte. 1815 trat Holstein offiziell dem neugegründeten Deutschen Bund bei, verhielt sich aber weiterhin loyal zu Dänemark, während Schleswig unter dänischer Herrschaft blieb. Die beim Wiener Kongress verhandelte Bundesakte sah sogenannte landständische Verfassungen für jeden deutschen Mitgliedsstaat vor, so auch für Holstein, die für den dänischen König bindend waren. Dieser vollzog ein Jahr später zwar die Anerkennung der Privilegien, verband diese aber mit der Ausarbeitung einer nur für Holstein gültigen landständischen Verfassung. Das

Herzogtum Schleswig wurde nicht berücksichtigt, damit war formal eine verfassungsrechtliche Trennung beider Herzogtümer vollzogen und bildete die Grundlage für den nun folgenden Verfassungskonflikt.

## *Kieler Professoren als Vordenker der Nationalbewegung*

Vor allem unter Juristen, Historikern und Staatswissenschaftlern der Kieler Universität wurde die nationalstaatliche Lage intensiv diskutiert. Zwischen 1815 und 1819 fanden die politischen Ansichten der Kieler Professoren in dem Presseorgan »Kieler Blätter« Verbreitung. Ein Initiator war der studierte Philologe und spätere Politiker Friedrich Christoph Dahlmann (1785–1860), der als Dozent für Geschichte an die Universität gekommen war und der mit seiner berühmten Waterloo-Rede (Feier anlässlich der Niederlage Napoleons) 1815 am Anfang der Entwicklung stand. Darin bekannte er sich zur verfassungsrechtlichen Zusammengehörigkeit beider Herzogtümer, zu deren deutschem Charakter, zur staatsbürgerlichen Freiheit und forderte faktisch die Loslösung von Dänemark. Die Rechtfertigung seiner Forderungen lieferte der Vertrag von Ripen mit dem Privileg der Unteilbarkeit (»up ewich ungedeelt«), eine Formulierung, die zum Sinnspruch der späteren schleswig-holsteinischen Erhebung wurde. Mit diesen Ansichten fiel Dahlmann beim dänischen König allerdings in Ungnade. Aus Enttäuschung über die Nichtberücksichtigung bei der Beförderung zum ordentlichen Professor verließ Dahlmann nach 17 Jahren Kiel und ging 1829 nach Göttingen.

1830 legte der Philologe, Historiker und Politiker Uwe Jens Lornsen (1793–1838) mit seiner Flugschrift »Über das Verfassungswerk in Schleswigholstein« den Grundstein für eine gesamtstaatliche Verfassung. Dabei war das Weglassen des Bindestrichs bereits eine politische Aussage, die die Zusammengehörigkeit der Herzogtümer nicht nur orthografisch, sondern auch ideell untermauern sollte. Angespornt von den national-liberalen Entwicklungen in ganz Europa suchte Lornsen Verbündete im ganzen Land. Offenbar war die Zeit aber noch nicht reif für Veränderungen. Für den Adel war die geforderte völlige Autonomie von Dänemark zu radikal, man verweigerte ihm die Gefolgschaft und die Verbreitung der Flugschrift wurde verboten. Des Hochverrats bezichtigt, kam Uwe Jens Lornsen in Festungshaft und setzte seinem Leben 1838 selbst ein Ende.

## Eskalation im Konflikt mit Dänemark

Die Diskussionen und Proteste in der Bevölkerung über die Zugehörigkeit der Herzogtümer zu Dänemark wollten nicht verstummen. Um die Gemüter zu beruhigen, sah sich der dänische König genötigt, für jedes Herzogtum eine Provinzialständeversammlung mit beratender Funktion einzuführen. 1835 versammelten sich die Holsteiner in Itzehoe, ein Jahr später tagten die Schleswiger in Schleswig, allerdings unter Aufsicht der Kanzlei in Kopenhagen. Mit weiteren Maßnahmen wie Aufhebung der Zollfreiheit, Sonderzahlungen der Herzogtümer zur Unterstützung der klammen dänischen Nationalbank sowie der Abschaffung der deutschen Sprache zugunsten des Dänischen im Kopenhagener Sprachskript von 1840 übten die dänischen Behörden weiter Druck auf die Herzogtümer aus. Die zu erwartenden Proteste bei Einführung des Danebrogs (dänische Fahne) als Hoheitszeichen und der dänischen Währung sowie bei der Umbenennung der Regimenter mit der Verpflichtung zum Tragen einer dänischen Kokarde versuchte man mit einem Versammlungsverbot zu unterbinden. Dieses Vorgehen rief geradezu nach einer Gegenreaktion der Schleswig-Holsteiner, die sich auf dem Sängerfest in Schleswig 1844 eine eigene Nationalhymne (»Schleswig-Holstein meerumschlungen«) und eine eigene Landesfahne mit den Farben Blau, Weiß und Rot gaben. Beides wurde vom dänischen König verboten.

Am 8. Juli 1846 sorgte ein offener Brief König Christians VIII. an seine Untertanen für weitere Aufregung. In Sorge um ein mögliches Aussterben der direkten Erbfolgelinie ließ er per Gesetz auch die weibliche Erbfolge in seinem Königreich zu. Das Herzogtum Schleswig war ausdrücklich mit eingeschlossen, für Holstein sollte weiterhin die männliche Erbfolge gelten. Zudem erwachte nördlich der Eider ebenfalls nationales Bewusstsein. Die Eiderdänen strebten einen engeren Zusammenschluss des Herzogtums Schleswig mit Dänemark an und wären im gleichen Zug bereit, auf die Zusammengehörigkeit mit Holstein zu verzichten. Das waren weitere Versuche, die beiden Herzogtümer rechtlich zu trennen.

Das Jahr 1848 begann europaweit turbulent. Die Abgeordneten der aus der Revolution erwachsenen Nationalversammlung, die in der Frankfurter Paulskirche tagte, beschlossen die Farben Schwarz-Rot-Gold für die Fahne eines neu zu schaffenden Nationalstaates als ein Zeichen für Freiheit und Einheit. Am 20. Januar 1848 verstarb König Christian VIII., nicht ohne vorher als Reaktion auf die immer lauter werdenden Proteste und Zeichen der Befriedung den Entwurf einer Gesamtverfassung beider Herzogtümer mit Dänemark vorzulegen, der dann aber nicht mehr ratifiziert werden konnte. Sein Sohn und Nachfolger Friedrich VII. stand unter dem Einfluss der Eiderdänen, die, staatsstreichgleich, die Mehrheit in seiner neuen Regierung stellten und das Ziel der Einverleibung des Herzogtums Schleswig in das dänische Königreich verfolgten. Inzwischen hatte der Konflikt überregionales Interesse geweckt und galt als Nagelprobe für die Durchsetzung national-liberaler Ideen.

## Jetzt oder nie – Die Provisorische Regierung im Kieler Rathaus

Als Zeichen gemeinsamen Handelns versammelten sich am 18. März 1848 die Mitglieder beider Ständeversammlungen in Rendsburg, wo man beschloss, mit einer Delegation beim neuen König vorstellig zu werden. Auf den Entwurf einer gemeinsamen Verfassung und die Forderungen nach Aufnahme Schleswigs in den Deutschen Bund, Volksbewaffnung sowie eine Volksbefragung zur zukünftigen Zugehörigkeit der Herzogtümer reagierte der dänische König anders als erhofft, nämlich mit der Anerkennung der Einverleibung Schleswigs in das dänische Königreich. Einziges Zugeständnis war eine freiheitliche Verfassung nur für Holstein. Damit wäre der fast 400 Jahre alte Vertrag von Ripen, der die Untrennbarkeit der beiden Herzogtümer festschrieb, jedoch außer Kraft gesetzt gewesen. In dem Bewusstsein, dass der dänische König nicht aus freien Stücken, sondern nur unter Zwang gehandelt haben konnte, bildete sich am 24. März 1848 die Provisorische Regierung im Kieler Rathaus am Alten Markt mit dem Kieler Juristen Wilhelm Beseler (1806–84) als vorläufigem Präsidenten. Im gemeinsam erstellten Proklamationstext wurde auf die Notwendigkeit der Aufrechterhaltung der Ordnung, der Verteidigung der Landesrechte und der Sicherung der Landesgrenzen hingewiesen. Dabei wurde auf die Formulierung »provisorisch« besonderen Wert gelegt, denn die Proklamation richtete sich nicht gegen den dänischen König selbst, sondern gegen die radikalen Kräfte in seinem Umfeld und sollte nur solange Bestand haben, bis der König wieder freie Entscheidungen treffen könne.

Diesen Alleingang konnte der König nicht akzeptieren. Ein Waffengang zwischen Dänemark und einer schlecht ausgerüsteten und ungeübten schleswig-holsteinischen Armee war unvermeidlich und endete in Bov bei Flensburg erwartungsgemäß mit ihrer Niederlage. Das führte im Oktober 1848 zur Auflösung der Provisorischen Regierung, deren Mitglieder verhaftet oder des Landes verwiesen wurden. Zwischen 1848 und 1852 folgten weitere kriegerische Auseinandersetzungen Dänemarks mit der nationalliberalen Bewegung in Schleswig-Holstein und ihren Verbündeten, wie 1849 bei den Düppeler Schanzen oder ein Jahr später bei Idstedt. Diese Gefechte führten schließlich zur Niederschlagung der schleswig-holsteinischen Erhebung. Im Londoner Protokoll von 1852 wurde der Erhalt des dänischen Gesamtstaates als »Notwendigkeit und ständiges Prinzip« festgelegt. Die alte Ordnung unter Vorherrschaft Dänemarks war wieder hergestellt, die Herzogtümer Schleswig und Holstein sollten weiterhin vereint Teil des dänischen Gesamtstaates bleiben. Doch Ruhe kehrte keineswegs wieder ein.

**EIN BAYER UND SEIN BRANDTAUCH-APPARAT**

Für den Aufbau einer schleswig-holsteinischen Armee zur Sicherung der Einheit der beiden Herzogtümer stellten sich Gleichgesinnte auch aus anderen Teilen des Deutschen Bundes zur Verfügung. So fand Wilhelm Bauer (1822–75), ein Drechslergeselle aus dem bayerischen Dillingen, als Mitglied eines bayerischen Bataillons, seinen Weg an die Küste. Ihn trieb die Frage um, ob und wie es möglich sein könnte, unerkannt und heimlich Sprengkörper an Brücken und Schiffen der Feinde anzubringen und fern zu zünden. Mit Hilfe des Militärs und seines Erfindergeistes entwickelte er den Brandtaucher, eine Art Unterseeboot, das 1850 bei der Kieler Eisengießerei Schweffel & Howaldt auf der Rosenwiese, als erstes Schiff überhaupt und aus Eisen, hergestellt wurde. Das 8 m lange, 2 m breite und 3,5 m hohe Tauchboot erhielt einen Tretradantrieb und 20 Tonnen Ballast zum Sinken. Es blieb nicht viel Entwicklungszeit, und so fand die Probefahrt zur kältesten Jahreszeit am 1. Februar 1851 in der Kieler Förde statt. Neben Bauer waren noch der Heizer Wilhelm Thomsen und der Zimmermann Friedrich Witt anwesend; der eine konnte nicht schwimmen, der andere hatte Platzangst. Die Eisenhaut hielt dem Wasserdruck nicht stand und das Boot lief voll Wasser. Jetzt halfen nur noch Bauers physikalisches Wissen und seine Geduld: Sechs Stunden dauerte es, bis die Restluft so komprimiert war, dass die drei Insassen beim Öffnen der Luke wie Sektkorken aus dem Tauchboot an die Oberfläche geschleudert wurden. Als die Menge am Hafen das Boot schon verloren gegeben hatte, tauchten alle drei wieder auf.

Nachdem sich die dänische Vormachtstellung durchgesetzt hatte, musste Wilhelm Bauer Schleswig-Holstein als »unerwünschter Ausländer« verlassen. Stattdessen bediente sich Russland der Fähigkeiten Bauers, der im Krimkrieg über 100 Tauchfahrten erfolgreich absolvierte, die ersten Unterwasser-Fotoaufnahmen erstellte und sogar ein Unterwasser-Konzert organisierte. Die Idee eines seetüchtigen Unterwasserbootes blieb aber in Kiel, wurde weiter entwickelt und bildete die Grundlage des U-Bootbaus auf den Kieler Werften bis heute.

## *1864 und 1866 – Kriege um die staatliche Zugehörigkeit der Herzogtümer*

Der schleswig-holsteinische Konflikt mit Dänemark stand auch im Fokus des politischen Interesses der Großmächte. In Fragen der Zugehörigkeit der Herzogtümer, unterschiedlicher Gesetzgebungen sowie Abspaltungs- und Annexionstendenzen waren vor allem Preußen und Österreich als Vertreter des Deutschen Bundes involviert. 1864 führten sie gemeinsam gegen Dänemark Krieg, nachdem der dänische König die Bestimmungen des Londoner Protokolls mit seiner neuen Verfassung gebrochen hatte, und siegten. Die beiden Herzogtümer wurden zunächst von Preußen und Österreich gemeinsam verwaltet, bis es zwei Jahre später wegen unterschiedlicher Zielsetzungen zum Krieg gegeneinander kam, aus dem Preußen siegreich hervorging. Österreich trat alle Rechte an den Herzogtümern Schleswig und Holstein an Preußen ab, die nun zur preußischen Provinz wurden.

Die national-liberalen Kräfte in den Herzogtümern hatten sich ihr Schicksal aber anders vorgestellt. Jahrelang hatten sie für eine Loslösung von Dänemark gekämpft und waren für einen eigenen Fürstenstaat im Deutschen Bund eingetreten. Jetzt fühlten sie sich übergangen und waren über die Entwicklung enttäuscht. Als jetzt auch noch die Einführung der allgemeinen Wehrpflicht und die Erhebung einer Einkommenssteuer umgesetzt werden sollten, brach sich der Unmut der Bevölkerung Bahn. Bei der anstehenden Reichstagswahl fielen alle preußischen Kandidaten in Schleswig und Holstein durch. Der Einverleibungszeremonie am 24. Januar 1867 im Kieler Schloss blieben viele Stadtverordnete, Mitglieder der Ständeversammlung und der Universität aus Protest fern, was einen offiziellen Verweis des preußischen Oberpräsidenten in Kiel, Carl von Scheel-Plessen (1811–92), nach sich zog. Zwar war jetzt die Schleswig-Holstein-Fahne in blau-weiß-rot erlaubt, darüber aber wehte Preußens Adler auf vielen Gebäuden in Kiel. Die anfängliche Reserviertheit in der Stadt an der Förde schlug aber schnell in Begeisterung über eine nun bald folgende stürmische Entwicklung zur Großstadt um.

# Glanz und Gloria in der Kaiserzeit 1871–1918

## *Die Marine nimmt Quartier*

Das Jahr 1865 sollte für die weitere Entwicklung Kiels schicksalhaft sein. Auf die Verlegung der preußischen Marinestation von Danzig an die Förde und die Festlegung Kiels als Marinehafen des Norddeutschen Bundes folgte nach Gründung des Deutschen Kaiserreiches 1871 der Ausbau Kiels zum Reichskriegshafen. Die Stadt wurde zum wichtigsten Marinehafen an der Ostsee, so wie Wilhelmshaven an der Nordsee. Die Voraussetzungen für einen rasanten Aufschwung der Stadt waren geschaffen. Es verband sich damit auch praktisch die zweite Gründung der Stadt, die ihren Status als ländliches Mittelzentrum endgültig hinter sich ließ. Das deutsche Kaiserreich strebte einen Platz im Reigen der Großmächte an und suchte »die Zukunft Deutschlands auf dem Meer«. Dafür war der Aufbau einer Flotte notwendig, und Kiel bot mit einem geschützten Tiefwasserhafen und vielversprechenden Ausbaumöglichkeiten beste Voraussetzungen.

Trotz der Aussicht auf gute wirtschaftliche Entwicklungen war das Verhältnis zwischen Marine und Stadtverwaltung aber durchaus ambivalent. Während der Marineausbau immer mehr Platz in Anspruch nahm und sich in das Stadtgebiet ausbreitete, wurden die Möglichkeiten für den Aufbau einer zivilen Wirtschaft eingeschränkt. Eine gemeinsame Strategie zum Wohle der Stadt, bei der beide Interessen berücksichtigt wurden, gab es nicht. Höhepunkt war der Wiker Hafenprozess 1904, den die Stadt Kiel gegen die Marine anstrengte und verlor. Die bereits 1891 von der Marine erteilte zehn Jahre gültige Zustimmung für den Bau eines zivilen Hafens in der Wiker Bucht in unmittelbarer Nähe zum Kaiser-Wilhelm-Kanal (heute Nord-Ostsee-Kanal) setzte die Stadt nicht fristgerecht um. So realisierte die Marine eigene Pläne an gleicher Stelle und setzte mit dem Tirpitzhafen, benannt nach dem Großadmiral und Begründer der deutschen Hochseeflotte Alfred von Tirpitz (1849–1930), der Marineakademie – dem heutigen Landtag –, den Garnisonskirchen sowie mit der Marinekommandantur auch architektonisch Akzente. Trotz allem profitierte die Stadt von ihrem neuen Status in jeder Hinsicht und wurde zum Ziel vieler Menschen, die hier ein Auskommen suchten.

## Anfänge des Schiffbaus

Der Schiffbau spielte bis zur Mitte des 19. Jahrhunderts in der Entwicklung der Stadt zunächst nur eine untergeordnete Rolle. Eine Reihe kleinerer Schiffbauplätze an der Kieler Förde produzierte auf ihren Hellingen Holzfrachtschiffe für den küstennahen Transport. Die Familienunternehmen bauten auf Bestellung und erhielten ihr Werkmaterial Holz aus dem Umland. Die Entwicklung nahm zwar mit dem Eisenschiffbau und dem Übergang vom Wind- zum Dampfantrieb Fahrt auf, die kleineren Schiffbaubetriebe hatten aber weder eine ausreichende Finanzdecke noch moderne Fertigungsmethoden, um mit der fortschreitenden Industrialisierung Schritt halten zu können. In der Folgezeit wurden der Holzschiffbau und damit viele Familienbetriebe zugunsten der industriellen Fertigung zurückgedrängt.

## Schweffel und Howaldt – Ein geniales Duo

Johann Schweffel (1796–1865), der geborene Unternehmer, übernahm 1819 im Alter von gerade mal 23 Jahren den elterlichen Gewürz-, Steinkohle- und Eisenhandel und erweiterte diesen 1825 um eine Eisengießerei auf der Rosenwiese (heute Kaistraße). Drei Frachtsegler und das Liniendampfschiff »Löven«, das regelmäßig nach Kopenhagen fuhr, komplettierten seinen Betrieb. Sein kaufmännischer Weitblick verband sich mit dem Ideenreichtum und dem Sinn fürs Praktische von August Ferdinand Howaldt (1809–83), der als Maschinist auf

Porträt des Werftgründers August Ferdinand Howaldt

der »Löven« unterwegs war und den man als typischen ›Selfmademan‹ der Frühindustrialisierung bezeichnen kann. Zusammen gründeten die beiden 1838 die »Schweffel & Howaldt Maschinenbauanstalt und Eisengießerei«, die zunächst mit 120 Mitarbeitern Dinge des täglichen Bedarfs, landwirtschaftliche Geräte und Dampfmaschinen produzierten. Die Waggons der neuen Eisenbahnstrecke, die seit 1844 zwischen Altona und Kiel verkehrte, wurden dort ebenso hergestellt wie die 320 Gaskandelaber, die seit 1854 in Kiel für gute Ausleuchtung sorgten. Ein besonderes Ereignis in der Firmengeschichte war sicherlich der Auftrag für den Bau des »Brandtauchers«. Die Familie Schweffel zog sich später aus dem Geschäft zurück, der prachtvolle Wohnsitz in der Klinke 2, der wegen der neuen Straßenführung 1907 abgerissen wurde, ist heute noch als Modell im Stadtmuseum zu bewundern. Dafür profitierten August Howaldt und seine Nachkommen vom boomenden Schiffbau in der Kaiserzeit und gründeten verschiedene Werftenstandorte auf dem Ostufer der Kieler Förde.

**SCHIFFSMAKLER UND REEDER AUGUST SARTORI**

In der zweiten Hälfte des 19. Jahrhunderts lockten exotische Ziele und gute Geschäfte die Kieler Reedereien, sich im Fernhandel nach Ostasien oder über den Atlantik nach Amerika zu engagieren. Der Schiffsmakler und Reeder August Sartori (1837–1903) sah in seiner Stadt das Potenzial zum Drehkreuz des Skandinavien- und Ostasienhandels. Nach einer kaufmännischen Lehre stand der Gründung seiner eigenen Firma 1858 aber sein jugendliches Alter im Weg, denn Sartori war nach damaligem Verständnis noch nicht volljährig. So musste er sich einen älteren Partner suchen, den er im Kaufmann Johann Albert Berger fand. Berger verließ die Firma vier Jahre später vertragsgemäß, sein Name ist aber bis heute Teil des Firmennamens. Sartori begann mit einem Segelschiff, hatte 1884 bereits 21 Dampfschiffe unter seiner Flagge und stellte 1903 den 79. Neubau in Dienst. Mit seinen Schiffen bediente er die Fährverbindungen in den Ostseeraum. 1880 kam eine Tages-Dampfschifffahrtslinie ins dänische Korsør hinzu. August Sartori war auch politisch aktiv und Mitglied in vielen Gremien und Vereinen der Stadt, so auch als Gründungsmitglied der Gesellschaft zur Rettung Schiffbrüchiger. Die Firma Sartori & Berger hat ihren Firmensitz heute im Alten Speicher am Wall und kümmert sich unter anderem um die Belange der Kreuzfahrtschiffe, die den Kieler Hafen jedes Jahr anlaufen.

BIOGRAFIE

## *Die Werften machen Dampf*

Neben Howaldt engagierte sich auch Friedrich Krupp aus Essen in Kiel und gründete 1895 die aus der Norddeutschen Werft hervorgegangene Germania Werft an der Hörn, dem südlichsten Zipfel der Kieler Förde. Dabei war der Schiffbau nur ein Teil der breiten Produktpalette des Krupp-Konzerns. Heute wird die noch erhaltene alte Produktionshalle als Veranstaltungsort und Restaurant genutzt, das Kruppsche Gästehaus am Fördeufer ist Teil des Instituts für Weltwirtschaft. 1871, mit der Ausrufung zum Reichskriegshafen, wurde auch die Kaiserliche Werft gegründet, ein Staatsbetrieb für den Bau der Kriegsflotte, die militärisch organisiert und mit 14 000 Mitarbeitern der

## KIELER ERFINDUNGEN AUF ALLEN MEEREN

Zu Beginn des 20. Jahrhunderts haben zwei Kieler Erfindungen die Sicherheit in der Schifffahrt maßgeblich verbessert: Kreiselkompass und Echolot. Hermann Anschütz-Kämpfe (1872–1931) fand zu seiner Bestimmung als Erfinder über einen Umweg via Medizin und Kunstgeschichte. Das beträchtliche Vermögen, das sein Adoptivvater ihm zu wissenschaftlichem Zwecke hinterlassen hatte, und Anschütz' Interesse an ungewöhnlichen Experimenten trieben ihn an. Er löste das Problem des Magnetkompasses, der in Polnähe und in Eisenkörpern nicht funktionierte, durch die Erfindung des Kreiselkompasses, dessen Herstellung und Vermarktung er mit seiner eigenen Firma 1905 übernahm. Als es 1915 zu Patentstreitigkeiten mit ähnlichen Erfindungen in Amerika kam, holte sich Anschütz niemand Geringeren als Albert Einstein, der gelegentlich auch auf der Förde beim Segeln zu beobachten war, als Gutachter an seine Seite. Der Streit ging zugunsten von Hermann Anschütz aus.

Für den Physiker Alexander Behm (1880–1952) war der Untergang der »Titanic« 1912 das impulsgebende Ereignis, um eine Möglichkeit zu finden, künftig Katastrophen dieser Art zu verhindern. Mit der Erfindung des Echolots entwickelte er ein Warnsystem, bei dem mittels der Ausbreitung des Schalls unter Wasser verborgene Hindernisse sichtbar gemacht werden können. Seine Experimente begannen mit einem Goldfischglas und einem Gewehrschuss als Schallquelle. 1915 setzte Behm seine Versuche in der Heikendorfer Bucht auf der Kieler Förde mit dem Kanonenboot »Otter« fort, das er für diesen Zweck angekauft hatte, und machte sich 1920 mit der Gründung der Behm-Echolot-Gesellschaft in Kiel selbstständig. Der geniale Erfinder meldete insgesamt 110 Patente an, unter anderen für das Behm-Luftlot, die unhörbare Hundepfeife und die Behm-Fliege, ein Angelköder zum Fliegenfischen, den er auf der Fischereiausstellung 1927 in Kiel präsentierte und mit dem er seiner Passion, dem Sportangeln, nachkommen konnte. Anschütz und Behm arbeiteten zusammen und hielten gemeinsam viele Patente.

größte Arbeitgeber in der Stadt war. Bei der verordneten flächenmäßigen Ausdehnung wurde jedoch keine Rücksicht auf Bestehendes genommen. So wurden 1903 das Fischerdorf Ellerbek mit seinen historischen Gebäuden abgerissen und die 150 Familien in eine Arbeitersiedlung eines Nachbarviertels umgesiedelt. Die drei großen Werften, die zwischen 1914 und 1918 insgesamt 33 000 Arbeiter beschäftigten, belegten den größten Teil des Ostufers an der Förde. Die Marineschiffe sollten aber auch mit dem neuesten technischen Gerät ausgestattet werden. Dazu entwickelte sich eine weitreichende Zulieferindustrie, die ebenfalls viele weitere Arbeitsplätze versprach. Kiel war damit zu Beginn des 20. Jahrhunderts der bedeutendste Werft- und Schiffbaustandort Deutschlands.

## Prestigeprojekt Kaiser-Wilhelm-Kanal

Der Anstoß für ein neues Kanalprojekt durch Schleswig-Holstein ging vom Hamburger Reeder Hermann Dahlström (1840–1922), genannt »Kanalström«, aus, der einen ersten Streckenverlauf erarbeiten ließ. Zwar war der bereits vorhandene Eiderkanal noch in Benutzung, seine Kapazitäten reichten jedoch für die immer größer werdenden Schiffe nicht mehr aus. Der Ausbau der Infrastruktur auf dem Wasser war auch für die kaiserliche Flotte unerlässlich, und so ließ der Kanzler des neuen Deutschen Reiches, Otto von Bismarck (1815–98), ebenfalls schon 1864 eine Machbarkeitsstudie über eine seegängige Verbindung zwischen Ost- und Nordsee bzw. bis zur Elbe erstellen. Handels- und Kriegsmarine sollten den Kanal wetterunabhängig und mit entsprechender Zeit- und Streckenersparnis nutzen können. Erst 1878 lag ein tragfähiges Konzept vor, von dem auch Kaiser Wilhelm I. überzeugt war. Eine kaiserliche Kanalbau-Kommission wurde gegründet und überwachte die Bautätigkeit, die mit der Grundsteinlegung am 3. Juni 1887 in Kiel-Holtenau begann.

Mit 8900 Arbeitern, zum Teil aus dem Ausland rekrutiert, ausgerüstet mit der neuesten Technik des Eimerkettenbaggers und der Lorenbahn für die 80 Millionen Kubikmeter Aushub, konnte der Kanal nach acht Jahren Bauzeit und Kosten von 156

HINTERGRUND

**»GUTER MOND ...«**

Die offiziellen Einweihungsfeierlichkeiten für den neuen Kanal am 21. Juni 1895 sollten in Kiel-Holtenau stattfinden, bei denen sich 232 Schiffe auf der Förde tummelten. Dafür hatte man einen Festplatz am Schleusenvorhafen mit Tribünen für 7400 Gäste vorgesehen. Die kaiserliche Motoryacht »Hohenzollern« an der Spitze eines Schiffskonvois erreichte nach Kanaldurchfahrt von Brunsbüttel kommend und mit Kaiser Wilhelm II. an Bord am Morgen Holtenau. Mit dem Durchbrechen einer über den Kanal gespannten Kordel war der Kanal offiziell für die Schifffahrt freigegeben. Es folgten die Schlusssteinlegung für den Kanal und die Einweihung des Denkmals für den Namensgeber und Initiator Kaiser Wilhelm I. Das für 1000 Gäste vorbereitete Festbankett fand in einem nicht fahrfähigen Nachbau der 1849 gebauten Kreuzerkorvette »Niobe« statt. Die mit kleinen Tendern zum Festschiff transportierten 17 ausländischen Delegationen – sogar der japanische Kaiser reiste an – wurden an Bord mit ihrer jeweiligen Nationalhymne begrüßt. Für die türkische Abordnung fehlten dem Kapellmeister zwar die Noten, aber er griff, inspiriert vom Halbmond in der Landesflagge, auf deutsches Liedgut zurück und ließ »Guter Mond, du gehst so stille...« spielen. Über Reaktionen oder etwaige diplomatische Verwicklungen ist nichts bekannt.

Millionen Goldmark zur Kieler Woche am 21. Juni 1895 eingeweiht werden. Die knapp 100 km lange Wasserstraße erhielt an ihren Enden in Brunsbüttel und Holtenau je ein Schleusenpaar, um die Wasserschwankungen auszugleichen.

Die erste Erweiterung war bereits 1907–14 fällig, bei der auch die bis heute größten Schleusen der Welt (330 m Länge) in Betrieb genommen wurden. Der Kanalbau hatte nicht nur einen wirtschaftlichen Nutzen, sondern war auch Ausdruck des Leistungsvermögens des Kaiserreiches und Wertschätzung der neuen preußischen Provinz Schleswig-Holstein. Zur Finanzierung des Bauvorhabens wurde eine Sektsteuer eingeführt, die bis heute erhoben wird. Der Nord-Ostsee-Kanal, wie er heute heißt, oder international Kiel-Canal, ist mit mehr als 30 000 Schiffbewegungen im Jahr nach wie vor die am meis-

**Internationale Flottenrevue anlässlich der Einweihung des Kanals am 21.6.1895**

ten befahrene künstliche Wasserstraße der Welt. Seine Anlagen sind aber in die Jahre gekommen und bedürfen dringend einer Erneuerung, um weiter zukunftsfähig zu bleiben. Bis 2018 wird der Bund als Betreiber des Kanals 1,5 Milliarden Euro für eine grundlegende Sanierung, den Ausbau der Oststrecke und den Neubau der fünften Schleuse in Brunsbüttel bereitstellen.

## *Kiel platzt aus allen Nähten*

Vom Aufschwung und der Aussicht auf Arbeit in Kiel angelockt, stieg die Einwohnerzahl der Stadt von 30 000 Anfang der 1870er-Jahre auf über 220 000 zu Beginn des Ersten Weltkrieges. Dieser Anstieg war zum einen den Marinesoldaten geschuldet, die mit ihren Angehörigen nach Kiel kamen, zum anderen mussten die Werftarbeiter mit ihren Familien in der Stadt unterkommen. Der Platz innerhalb der Stadtgrenze reichte schon lange nicht mehr aus, Eingemeindungen rund um die Förde waren die Folge. Es mussten Wohnraum und Infrastruktur geschaffen werden, eine Herkulesaufgabe für die Stadt, die der Entwicklung meist hinterherhinkte.

1869 bereits erkannte der Stadtbaurat Gustav Ludolf Martens (1818–72) die Notwendigkeit einer Stadterweiterung mit einer planmäßigen Bebauung. Nach dem Vorbild der damaligen Ringstraßenanlagen in Wien, Paris oder Berlin konzipierte er auch in Kiel eine solche mit radialen Ausfallstraßen, die den Stadtkern umschließen sollte. Geografisch bedingt bildete dieser Straßenzug nur einen Halbkreis und wurde auch nicht zu Ende gebaut, weil der Plan den tatsächlichen Ansprüchen nicht mehr genügte. Bauinspektor Friedrich Wilhelm Schweitzer versuchte ab 1890 die Bebauung nördlich der Altstadthalbinsel in ein geometrisch angeordnetes Schachbrettgefüge zu pressen, ohne Rücksicht auf geografische Gegebenheiten. Die einförmigen und langweiligen Straßenzüge provozierten jedoch den Protest der Bürger, die auch ästhetische und kulturelle Gesichtspunkte berücksichtigt sehen wollten. Der aus Köln stammende Geheime Baurat Josef Stübben (1845–1936), mit der modernen Stadtplanung der Kaiserzeit bestens vertraut, entwickelte daher 1901 einen Erweiterungsplan für eine zukünftige Einwohnerzahl Kiels von einer Million, der bis zum Ende des Ersten Weltkrieges gültig blieb. Stübben bezog erstmals das ganze Stadtgebiet westlich der Förde in die Planung mit ein. Er erweiterte das Ringstraßenkonzept durch großzügige Begrünung, verbreiterte die Ausfallstraßen und differenzierte die Straßen nach Bedeutung und Funktion. So versuchte die Stadt gegen baulichen Wildwuchs vorzugehen und ein planvolles Wachstum zu erreichen.

## *Wohnen um die Jahrhundertwende*

Zwischen 1880 und 1910 erlebte Kiel einen wahren Bauboom, denn der großstädtische Anspruch sollte auch in der Architektur und deren Ausstattung sichtbar werden. Die Bauvorgaben für eine homogene Bebauung beschränkten sich auf die Gebäudehöhe (max. 22 m) und die Anzahl der Geschosse (5). 1890 hatte sich der typische Mietshausgrundriss durchgesetzt, mit in der Mitte angelegter Hauseingangstür und anschließendem Flur, der zum rückwärtigen Treppenhaus mit Fenster zum Hof und der Toilette auf halbem Geschoss führte. Die Vorderfront zierten Erker und Balkone sowie Schmuckelemente aus den reichlich vorhandenen Musterbüchern, die auch den sozialen Status des Hausbesitzers widerspiegeln sollten. Im Eingangsbereich, der Visitenkarte des Hauses, wurde der Besucher edel empfangen, sei es durch Stuckverzierungen, Terrazzoböden oder Jugendstilfliesen, die heute noch unverwüstlich und in großer Vielzahl in erhaltenen Häusern zu finden sind.

Die gesellschaftliche Hierarchie in der Wilhelminischen Zeit war auch an den Wohnverhältnissen ablesbar. Während auf der Westseite der Förde die Marineoffiziere und Universitätsprofessoren sowie das gehobene Bürgertum in Villen oder großzügig geschnittenen Altbauwohnungen lebten, ging es auf dem Ostufer für die Arbeiter, Handwerker und Angestellten gedrängter zu. Der Besitzer der Germania-Werft, Friedrich Krupp, nahm jedoch die Verantwortung für seine Werftarbeiter ernst und baute zu Beginn des Jahrhunderts auf dem Ostufer die Kruppsche Arbeitersiedlung, ausgestattet mit abgeschlossenen Wohneinheiten, einer Toilette für jede Wohnung, Waschküche mit Badewanne im Keller, Grünanlage mit Spielplatz, Warenhaus und Gaststätte. Die Stadt konnte eigene Grundflächen im größeren Stil zur Verfügung stellen und machte Auflagen für eine sozialverträgliche Architektur, um der Bauspekulation entgegenzuwirken. Nur die Fertigstellung neuer Wohnungen hielt mit dem Bedarf nicht Schritt: So waren vor allem bei Altbauten drangvolle Enge durch Überbelegung, Feuchtigkeit, unzureichende Beleuchtung und schlechte hygienische Verhältnisse zu beklagen. Eine behördliche Bauaufsicht und die Unterstützung von privaten Bauvereinen waren geboten.

## *Das neue Rathaus, Venedig und das liebe Geld*

Es war nur folgerichtig, dass bei so vielen neuen Mitbürgern und neuen Anforderungen die Verwaltung ihren Aufgaben nicht mehr gerecht wurde. Das alte Rathaus am Alten Markt war längst zu klein geworden, ein Neubau musste her. Der damalige Oberbürgermeister Dr. Paul Fuß (1844–1915) und das Stadtkollegium entschieden sich für den Bauplatz zwischen

**Das Kieler Rathaus von 1911 mit imposantem Turm**

Fleethörn und Kleinem Kiel. Das neue Rathaus sollte zusammen mit dem Stadttheater auf dem Neumarkt ein architektonisches Gesamtensemble bilden. Den 1903 ausgelobten Architektenwettbewerb gewann Hermann Billing (1867–1946) aus Karlsruhe. Zwischen 1907 und 1911 entstand ein rechteckiger Baukörper von 150 x 50 m Abmessung mit drei großen Innenhöfen, fünf Geschossen und 400 Büros. Die Innenausstattung war zweckmäßig, höchst modern und erleichterte mit einer Telefon- und Rohrpostanlage, elektrischem Licht, Zentralheizung und einem Paternoster die Arbeitsabläufe. Die asymmetrische Außenfassade, in Sandstein und Ziegel gehalten, ist mit Elementen eines zurückgenommenen Jugendstils dekoriert und unterstreicht den großstädtischen Anspruch. Augenfällig ist der 106 m hohe Rathausturm, der eine Ähnlichkeit zum Campanile von San Marco in Venedig, der zur gleichen Zeit nach einem Zusammensturz wieder aufgebaut wurde, nicht leugnen kann. Am 10. November 1911 nahm Kaiser Wilhelm II. höchst selbst die Einweihung des neuen Rathauses vor, mit den

Worten, »dass der hohe Rathausturm den heimkehrenden Schiffen einen Willkommensgruß zurufen möge«. Er trug sich als Erster in das Goldene Buch der Stadt Kiel ein.

Da sich die Kosten für das Rathaus fast verdoppelt hatten, sorgten sich die Kieler Bürger, dass zur Begleichung eine »Rathaussteuer« fällig sein würde, und versahen das neue Glockenspiel, das dem des »Big Ben« in London nachempfunden war, mit folgendem Text: *Kiel hat kein Geld, das weiß die Welt, und ob's was »kricht«, das weiß man nicht*. Alle Bemühungen, den Zeilen einen anderen Inhalt zu geben, laufen bis heute ins Leere.

**DAS GOLDENE EI**

Ähnlich wie in Venedig war der Baugrund in Kiel sehr sumpfig und an eine Grundsteinlegung für das neue Rathaus an üblicher Stelle war nicht zu denken. Stattdessen sollte die 1,36 m hohe und 70 cm breite goldene »elliptische Kugel«, die auf der Turmspitze thront, die Dokumente aufnehmen. Bei einem Sturm 1993 fiel die Kugel auf den Rathausplatz und man fand darin eine Kupferkassette mit wichtigen zeitgenössischen Unterlagen zum Bau, so etwa Bauberichten, einem Stadtplan, einer Zeitung und einem kleinen Geldbetrag in Goldmark. Nach der Reparatur wurde die goldene Kugel inklusive Kassette und Dokumenten wieder auf die Turmspitze gesetzt.

Das Rathaus selbst hat zwar auch drei heftige Treffer im Krieg abbekommen, die die westliche Ecke, den Eingangsbereich und den historischen Ratssaal zerstörten, der Turm blieb aber unversehrt, so dass heute bei Führungen die Aussicht auf die Stadt aus 67 m Höhe möglich ist.

HINTERGRUND

## *Beispiele großstädtischer Architektur*

Nach Berlin war Kiel der zweitwichtigste Aufenthaltsort des Kaisers und seiner Familie, die allein zwischen 1888 und 1896 30 Mal die Stadt besuchten. Wilhelm II. ging dann an Bord eines seiner Schiffe oder wohnte im Kieler Schloss, dem Wohnsitz seines Bruders Prinz Heinrich. Mit dem Ausbau des Kieler Hafens, den vielen Gebäuden der Marine und dem neuen Rat-

**Postkarte zur Einweihung des neuen Bahnhofs 1899**

haus sollten auch weitere Gebäude den großstädtischen Anspruch unterstreichen. Ab 1899 wurde der neue Bahnhof am Sophienblatt gebaut, inklusive verschiedener Räumlichkeiten für den Aufenthalt der kaiserlichen Familie. Die wappenbekrönte Kaisertreppe ziert heute noch den östlichen Ausgang. Am 1. Oktober 1907 wurde das von dem Berliner Architekten Heinrich Seeling (1852–1932) entworfene neue Stadttheater am Kleinen Kiel mit der Oper »Fidelio« feierlich eröffnet. Das für 1100 Zuschauer konzipierte Haus hielt eine Kaiserloge vor und gab vielen bekannten Künstlern in der Folgezeit Gelegenheit, sich auf den Brettern, die die Welt bedeuten, zu profilieren, etwa Hans Söhnker, Ernst Busch oder Gustav Gründgens.

Die Mittel für die am 15. November 1909 eingeweihte prachtvolle Kunsthalle von Georg Lohr (1861–1945) am Düsternbrooker Weg hatte die Stadt dem Testament von Lotte Hegewisch (1822–1903) zu verdanken. Der für die Einweihung vorgesehene kaiserliche Repräsentationsbalkon blieb allerdings ungenutzt, weil der Kaiser eine Rekrutenvereidigung zum selben Zeitpunkt vorzog.

HINTERGRUND

**DIE KIELER KUNSTHALLE – WAS LANGE WÄHRT …**

Franz Hermann Hegewisch (1783–1865), ein angesehener Arzt in Kiel, besaß ein Haus mit großem Grundstück am Düsternbrooker Weg, das Treffpunkt für Intellektuelle, politisch Interessierte und Kulturschaffende war. Seine Tochter Lotte erhielt eine Ausbildung, wie es einer höheren Tochter in jener Zeit gebührte. Sie war kunstinteressiert, nahm Zeichenunterricht und kümmerte sich um Erhalt und Pflege der Sammlung des 1854 gegründeten Kunstvereins. Lotte hatte eine genaue Vorstellung von ihrem Leben, und ein Leben als Ehefrau gehörte offenbar nicht dazu. Den Heiratsantrag ihres Vetters Hermann Dahlmann schlug sie aus und blieb zeitlebens unverheiratet. Ihre Liebe galt der Kunst. Sie übernahm ihr Elternhaus und die Tradition des intellektuellen Austauschs. Als die alte Kunsthalle zugunsten der Schlosserweiterung abgerissen werden musste und die Sammlung nur notdürftig untergebracht werden konnte, verfügte sie 1887 in ihrem Testament, dass nach ihrem Tod ihr Haus samt Grundstück in eine Stiftung übergehen und an gleicher Stelle eine neue Kunsthalle gebaut werden sollte. Der Erbfall trat 1903 ein und Kiel konnte seine neue Kunsthalle 1909 einweihen.

Eine ganz neue Bauaufgabe war mit der Versorgung der Kieler Bürger verbunden. Die Kaufhäuser Jacobsen und Karstadt, die alle Dinge des täglichen Bedarfs unter einem Dach vereinten, entstanden in der Innenstadt. Die aufstrebende Marinestadt versprach gute Geschäfte, und so zog es auch Rudolf Karstadt (1856–1944) 1893 dorthin, um hier in der Schuhmacherstraße seine insgesamt fünfte Filiale und 1910 das bekannte Haus am Alten Markt zu eröffnen. Karstadt verlegte seinen Firmen- und Wohnsitz für 19 Jahre nach Kiel, wohl eher unbemerkt von der dortigen Öffentlichkeit, bevor er 1912 mit der Eröffnung seiner ersten Filiale in Hamburg dorthin umzog.

## Die Kieler Universität wird preußisch

Wegen der Kriege um Schleswig-Holstein gingen die Studentenzahlen an der Universität dramatisch zurück. Längst fällige

Investitionen wurden nicht getätigt, folglich bestand keine Neigung, das 200-jährige Jubiläum zu feiern. Mit der Einverleibung der Herzogtümer Schleswig und Holstein als Provinz in den preußischen Staat gingen zunächst Gerüchte über die Schließung der Kieler Universität einher. Der Verlust der universitären Privilegien war der Preis dafür, dass die Hochschule aber doch als kleinste preußische Provinzuniversität ausgebaut wurde. Sie unterstand jetzt dem Ministerium in Berlin, die Stadt Kiel hatte keinen direkten Einfluss mehr auf ihre Entwicklung. Der Kaiser selbst bestimmte den neuen Standort am nördlichen Schlossgarten als »uneingeschränktes und unwiderrufliches Eigentum der Hochschule«. Die bekannten preußischen Architekten Martin Gropius (1818–80) und Heino Schmieden (1835–1913) nahmen sich der Aufgabe an, ein eigenes abgeschlossenes Universitätsviertel zu schaffen. Mit der Einweihung des Kollegiengebäudes 1876 sollte die Jubiläumsfeier mit elfjähriger Verspätung nachgeholt werden. Das Aula-Gebäude steht heute nicht mehr, dafür geben das Zoologische Museum und die alte Universitätsbibliothek in unmittelbarer Nähe einen Eindruck von der Architektur. Der Status als Marinehafen, die Anwesenheit vieler Soldaten und Werftarbeiter sowie die steigende Einwohnerzahl machten des Weiteren den Ausbau der Kliniken notwendig. Auf dem Hospitalberg entstanden mit viel Licht, Luft und Grün die akademischen Heil-

BIOGRAFIE

**MAX PLANCK – EIN KIELER JUNG ALS NOBELPREISTRÄGER**

Der gebürtige Kieler und weltbekannte Physiker Max Planck (1858–1947) kehrte nach seinen studentischen Wanderjahren 1886 als Professor für Theoretische Physik an die Christian-Albrechts-Universität seiner Heimatstadt zurück. Sein naturwissenschaftliches Interesse war zunächst nicht abzusehen, überlegte er doch, sein Hobby zum Beruf zu machen und Musik zu studieren. Die wissenschaftliche Neugier aber überwog, und er begründete die Theoretische Physik als Teildisziplin der Naturwissenschaften. Seine Forschungen brachten ihm 1918 den Nobelpreis und 1947 die Ehrenbürgerwürde Kiels ein. Heute steht ein Bankhaus an der Stelle seines Geburtshauses auf der Altstadtinsel und ein Denkmal erinnert dort an den berühmten Sohn der Stadt.

anstalten, die heute als Universitätskliniken für die Versorgung der Patienten zuständig sind. Die Investition in die Universität hatte sich gelohnt, die Studentenzahlen stiegen von 112 im Jahr 1871 auf 2600 zu Beginn des Ersten Weltkrieges.

## *Kieler Institute mit weltweitem Renommee*

Gegen Ende des 19. Jahrhunderts setzte eine umfangreiche Globalisierungswelle europäischer Staaten ein, die sich im Wettstreit um die Kolonien befanden. Auch Deutschland wollte eine gewichtige Rolle spielen. Die weltweiten Kolonialinteressen, die Ausweitung der Handelsbeziehungen und internationale Verflechtungen machten die Ausarbeitung wirtschaftlicher und rechtlicher Grundlagen nötig. Dafür wurde am 18. Februar 1914 das Königliche Institut für Weltwirtschaft und Seeverkehr mit dem Nationalökonomen Bernhard Harms (1876–1939) als erstem Direktor gegründet. Die »Weltwirtschaft«, wie das Institut im Volksmund heißt, hat heute ihren Sitz im Kruppschen Logierhaus an der Förde und ist mit ihrer weltweit größten wirtschaftswissenschaftlichen Bibliothek eine der ersten Adressen für Politik, Beratung und Forschung.

Der Völkerrechtler Theodor Niemeyer (1857–1939) war erster Direktor des Kieler Instituts für Internationales Recht, das seit 1914 in der Dänischen Straße 15 seinen Sitz hatte und das erste seiner Art in Deutschland war. Sein Nachfolger, der Jurist und pazifistische Völkerrechtler Walther Schücking (1875–1935), verschaffte dem Institut während seiner Amtszeit von 1926–35 durch die Erforschung der Kriegsursachen des Ersten Weltkrieges und durch seine Tätigkeit als bis heute erster und einziger deutscher Richter am neugegründeten internationalen Gerichtshof in Den Haag weltweite Anerkennung. Das Kieler Institut als Teil der Universität gehörte 1928 mit zehn Vorlesungen zum Thema zu den führenden in Deutschland. Schücking trat schon in preußischer Zeit für eine moderate Demokratisierung der Gesellschaft, für eine Trennung von Kirche und Staat, für die Gleichstellung der Geschlechter und das Frauenwahlrecht ein. Sein Credo war: Frieden durch Recht. Er hoffte, dass die Nationen der Welt mit dem Beitritt in internationale Staaten- und Friedensorganisationen zur Völkerverständigung kommen könnten. Mit seiner Überzeugung, für die er auch wirtschaftliche Nachteile in Kauf nahm, machte er sich aber auch Feinde. Vor allem die Nationalsozialisten verunglimpften ihn, boykottierten seine Lebensleistung und verbrannten seine Bücher. Nach dem Austritt Deutschlands aus dem Völkerbund 1933 waren die Urteile des Internationalen Gerichtshofes für den Nazi-Staat nicht mehr bindend. Walther Schücking geriet in Vergessenheit, bis das Institut für Internationales Recht 1995 seinen Namen bekam. Heute ist es Teil des juristischen Seminars der Universität.

BIOGRAFIE

**FRAUEN UND BILDUNG UM 1900: EIN KIELER BEISPIEL**

Johanna Mestorf (1828–1909) hatte sich seit 1869 ehrenamtlich um die Pflege des Museums vaterländischer Altertümer in Kiel sehr verdient gemacht. 1873 wurde sie Kustodin und erste Direktorin des Museums und organisierte den Umzug der Sammlung in das alte Universitätsgebäude in der Kattenstraße. Für die wissenschaftliche Untermauerung ihrer praktischen Fähigkeiten wollte sie entsprechende Vorlesungen und Seminare an der Kieler Universität besuchen. Man verweigerte ihr jedoch die Gasthörerschaft mit der Begründung »mangelnder Erziehung und Schulbildung der Frauen und mit dem von der Natur gesetzten physiologischen und geistig moralischen Abstand der Geschlechter« und damit, dass durch studierende Frauen das akademische Leben ausarten würde. Man erkannte zwar ihre wissenschaftlichen Leistungen an, ein Antrag auf Verleihung der Ehrendoktorwürde 1899 wurde aber abgelehnt, weil Stimmeinhelligkeit nicht zu erwarten sei. Stattdessen verlieh man ihr den Professorentitel – mehr ein symbolischer Akt, denn sie gehörte damit nicht zum Lehrpersonal und durfte auch keine Vorlesungen halten. Erst mit ihrer Pensionierung 1909 rang sich die Philosophische Fakultät zur Verleihung der Ehrendoktorwürde durch. Selbst Kaiser Wilhelm II. ließ ihr zu Ehren ihres Ruhestandes eine gerahmte und signierte Fotografie seiner selbst überreichen, mit den Worten, eine andere Ehrung sei für Frauen nicht vorgesehen. Ein Jahr zuvor war die erste regulär immatrikulierte Frau an der Kieler Universität promoviert worden.

## *Kaiserlicher Yacht-Club und Kieler Woche*

Das hervorragende Segelrevier auf der Kieler Förde verlangte geradezu nach Veranstaltungen auf dem Wasser, und im September 1881 lieferten sich die ersten vier Yachten und einige kleinere Beiboote der Marine eine Wettfahrt auf der Kieler Förde, allerdings nicht zum Vergnügen, sondern zu Übungszwecken. Ein Jahr später beteiligten sich bereits 20 Yachten an der Regatta, die von vielen Schaulustigen an Land beobachtet wurden. Das immer größere Interesse sorgte in den folgenden Jahren dafür, dass die Regatten auf eine Woche ausgedehnt wurden, aber erst 1894 erhielten sie von der Presse den Namen »Kieler Woche«.

Damit war der Anfang für das heute größte Segelereignis weltweit gemacht. Der 1887 gegründete Kieler Marine-Regatta-Verein und der Norddeutsche Regatta-Verein aus Hamburg von 1867 übernahmen zunächst die Organisation der jetzt jährlich stattfindenden Segelveranstaltungen, weil es in Kiel bis dahin noch keinen ausrichtenden eigenen Segelverein gab. Das änderte sich, als am 2. Mai 1891 mit Zustimmung des Kaisers der Kaiserliche Yacht-Club gegründet wurde, ein Segelclub nicht nur für Marineangehörige, Offiziere und Mitglieder der Kieler Gesellschaft, sondern später auch für Angehörige des europäischen Adels, Großindustrielle und Bankiers. Jeder, der in der Wilhelminischen Gesellschaft etwas auf sich hielt, strebte eine Mitgliedschaft an, ob mit Boot oder ohne.

Der Kaiser erklärte sich gleich selbst zum Kommodore und lief mit seiner in England gekauften Segelyacht »Meteor« in die Kieler Förde ein. Sein Bruder Prinz Heinrich, Vize-Kommodore, folgte mit seinem Schiff »Irene«. Auch die weniger betuchten Kieler konnten als Zuschauer das beeindruckende Treiben auf der Förde beobachten, an Schiffsbesichtigungen und Hafenrundfahrten teilnehmen, Stadtteilfeste und kostenlose Konzerte besuchen und das große Abschlussfeuerwerk erleben. Fremde Sprachen und fremde Uniformen prägten fortan das Bild und geben der Stadt zur Kieler Woche bis heute ein internationales Flair.

## *Wettrüsten und Donnergrollen*

Mit der Verabschiedung der Flottengesetze 1898 bzw. 1900 und dem damit verbundenen Aufbau einer schlagkräftigen Hochseeflotte versuchte das Deutsche Kaiserreich seinen Platz im Konzert der Großmächte zu untermauern. Die Marinebegeisterung Kaiser Wilhelms II. und die Identifikation mit der Flotte zeigten Wirkung. Viele junge Männer wollten auf den neuen Kriegsschiffen Dienst tun und hofften auf Einsätze in fernen Ländern. Aber statt des angestrebten Ausgleichs der europäischen Kräfteverhältnisse führte die Strategie der Machtdemonstration zum Wettrüsten vor allem mit England, zu unverhältnismäßig hohen Staatsausgaben und nicht zuletzt zu einem unvollendeten Flottenprogramm; ein Umstand, der Folgen haben sollte, denn am politischen Horizont zeichnete sich schon eine Eskalation ab, die den Beginn des Ersten Weltkrieges nach sich zog.

## *Der Kaiser und das Zigarettenetui*

Zur Kieler Woche am 28. Juni 1914 befand sich Kaiser Wilhelm auf seiner Yacht mitten im Renngeschehen, als ein Marineboot längsseits gehen wollte, um eine wichtige Depesche zu überbringen. Der Kaiser wollte nicht gestört werden und tat das auch kund. Der Offizier war aber von der Notwendigkeit der Störung überzeugt und wusste sich zu helfen: Er verstaute die Nachricht in seinem Zigarettenetui und warf es an Deck. Die Brisanz der Nachricht rechtfertigte sein unkonventionelles Handeln, denn dort stand zu lesen, dass Erzherzog Franz Ferdinand von Österreich-Este und seine Frau Sophie in Sarajewo Opfer eines Attentats geworden waren. Die Kieler Woche war damit für Kaiser Wilhelm beendet, er kehrte nach Berlin zurück. Auch das englische Flottengeschwader verließ Kiel und signalisierte zum Abschied »friends for now and friends for ever«. Kurze Zeit später sollten sich England und Deutschland im Ersten Weltkrieg als Feinde gegenüberstehen.

**DER KIELER ANZUG**

**Matrosenanzug**

Auch im zivilen Bereich war die Begeisterung für die Marine sichtbar, schon die Jüngsten wurden mit Matrosenanzügen ausgestattet. Das englische Königshaus machte die praktische Kinderkleidung Mitte des 19. Jahrhunderts auch in Deutschland populär, als Königin Victoria ihren Enkel Wilhelm, den späteren deutschen Kaiser, mit einem Matrosenanzug beschenkte. Danach verselbstständigte sich die Verbreitung des Anzuges, bestehend aus einer wahlweise langen oder kurzen Hose, die mit schwarzen Wollstrümpfen, einem knopflosen Hemd mit V-Ausschnitt, eckigem Schulterkragen sowie einem geknoteten Tuch getragen wurden. Der dunkelblaue Woll- oder Baumwollstoff war mit drei weißen Streifen an Ärmeln und Kragen verziert, ein Hinweis auf die drei Seeschlachten des legendären Lord Nelson (Abukir, Kopenhagen, Trafalgar). Ab 1889 stieg die Firma »Bleyle« in die Konfektion der Matrosenanzüge ein, die in Kiel für das ganze Deutsche Reich gefertigt wurden und daher den Namen »Kieler Anzug« erhielten.

## Heimatfront zwischen 1914 und 1918

In Kiel war man auf den Eintritt in den Ersten Weltkrieg nicht vorbereitet und hatte keine weitere Vorsorge getroffen, sondern war überzeugt, dass die Krise schnell beendet werden konnte. Mit der allgemeinen Mobilmachung und der Verhängung des Kriegsrechts gingen Hamsterkäufe einher, jeder versorgte sich, so gut er konnte. Das jedoch führte zu Wucherpreisen, einer hohen Teuerungsrate und Nahrungsmittelknappheit, die ein Einschreiten der Behörden nötig machten, die mit Lebensmittelkarten und Rationierungen die Versorgung mit dem Nötigsten sicherstellen mussten. Verschärft wurde die Situation noch durch die britische Seeblockade. Die Bevölkerung wurde daher zum Sammeln von Rohstoffen aller Art und zur Zeichnung der insgesamt neun Kriegsanleihen zur Finanzierung des Krieges aufgerufen.

Als schließlich auch die Verteilung der Kartoffelrationen eingestellt werden musste, führte das zum Hunger- oder Steckrübenwinter 1916/17. Die immer unerträglicher werdende Versorgungslage und die ungleiche Verteilung der Nahrungsmittel – die Marine besaß gut gefüllte Depots – zogen schließlich Streiks, Arbeitsniederlegungen und Plünderungen nach sich, an denen sich tausende Arbeiter beteiligten.

Je mehr Arbeiter in Kiel beschäftigt waren, desto größer war die Notwendigkeit, sich zur Durchsetzung besserer Arbeitsbedingungen und höherer Löhne zu organisieren. Nach Gründung der ersten Metallarbeiter-Gewerbegenossenschaft 1875 bildeten sich ab 1890 freie Gewerkschaften in Kiel, die auf Maidemonstrationen und mit Streiks für wirtschaftliche und soziale Gerechtigkeit kämpften. Der Anteil der Arbeiterschaft und das Heer der Geringverdiener waren in Kiel in Bezug auf die Bevölkerungsstruktur besonders hoch. Zwischen 1902 und 1914 stieg die Zahl der gewerkschaftlich Organisierten auf 22 000. Das preußische Drei-Klassen-Wahlrecht, die Verdoppelung des Mindesteinkommens für die Zulassung zu Wahlen und ungünstig geschnittene Wahlkreise verhinderten die berechtigte Teilhabe der Arbeiterschaft an politischen Entscheidungen.

Carl Legien (1861–1920) war Gewerkschaftsfunktionär und erster sozialdemokratischer Reichstagsabgeordneter für Kiel – mit einer fünfjährigen Unterbrechung – von 1893 bis 1920. Er weihte 1907 auch das erste Gewerkschaftshaus ein, ein Ort, den die Arbeiterschaft mit Anteilscheinen zum Teil selbst finanziert hatte, ausgestattet mit Versammlungsräumen, Büros, einer Bibliothek und Gastronomie. Legien war auch beteiligt am zu Beginn des Krieges geschlossenen »Burgfrieden« zwischen Gewerkschaft und Sozialdemokratie auf der einen Seite sowie der konservativen Obrigkeit auf der anderen Seite, der wenigstens innenpolitisch für Ruhe sorgte. Je prekärer aber die Versorgungslage für die Bevölkerung in den Kriegsjahren wurde, desto umfangreicher wurde demonstriert, bis der Burgfrieden nicht mehr zu halten war. Der Streik im Januar 1918, bei dem sich 30 000 Protestierende auf dem Wilhelmplatz versammelten und neben einer besseren Versorgung auch politische Forderungen erhoben, wurde mit harten Strafen beendet. Das war aber nur der Anfang dessen, was im November als Matrosenaufstand in die Geschichte eingehen sollte.

# 1918 – *Kiel und die Revolution*

Für das Deutsche Kaiserreich war der Krieg verloren, als die Frühjahrsoffensive 1918 nicht den erhofften Erfolg brachte, im September die Westfront zusammenbrach und im Oktober der uneingeschränkte U-Boot-Krieg eingestellt werden musste. Um die Ehre der deutschen Hochseeflotte zu retten und um die Verhandlungsposition für die unverzüglich aufgenommenen Friedensverhandlungen zu stärken, sollten die Kriegsschiffe von Wilhelmshaven aus am 28. Oktober auf geheimen Befehl in einer letzten Seeschlacht gegen England geschickt werden.

Die Matrosen und Besatzungen sahen darin ein sinnloses Unterfangen und verhinderten das Auslaufen durch Sabotage und Meuterei. Stattdessen lief das III. Geschwader zurück in seinen Heimathafen Kiel, wo 47 Meuterer und Rädelsführer festgesetzt wurden. Auf einer großen Demonstration, bei der die Freilassung der Inhaftierten und das Ende des Krieges gefordert wurden, verbündeten sich die Marinesoldaten mit der Kieler Arbeiterschaft. Im späteren Verlauf kam es zu Schießereien mit sieben Toten und 29 Verletzten. Die Admiralität der Marine hatte die Situation völlig unterschätzt und wurde von den Ereignissen überrollt. Die roten Fahnen der Revolution wehten nun auch am Heck der einstmals kaiserlichen Flotte.

## *Forderungen der Aufständischen*

Am 4. November 1918 war die Stadt Kiel fest in der Hand der Revolutionäre, die jetzt Arbeiter- und Soldatenräte bildeten – eine Entwicklung, die auf das ganze Deutsche Reich übergriff. Unter der Leitung des Oberheizers Karl Artelt (1890–1981), der der Bewegung ein Gesicht gab, formierte sich am 5. November der erste Soldatenrat in der Geschichte der Revolution, einige Tage später auch der Arbeiterrat unter Führung des Gewerkschafters Gustav Garbe (1865–1935). Anders als in anderen

Städten arbeiteten die Räteversammlungen getrennt voneinander. Das »Kieler 14-Punkte-Programm«, das reichsweit Vorbildcharakter erlangte, beinhaltete Forderungen nach Freilassung aller politischen Gefangenen sowie die Reform des militärischen Dienstes, Meinungs-und Pressefreiheit, Aufhebung der Briefzensur, straffreie Rückkehr der Soldaten in den Dienst und Mitspracherecht der Soldatenräte bei zukünftigen Entscheidungen.

Der gerade erst eingesetzte Chef der Ostseestation und Gouverneur in Kiel, Admiral Wilhelm Souchon (1864–1946), richtete einen Hilferuf an das Reichsmarineamt in Berlin und sprach von »äußerst gefährlichen Zuständen«. Gleichzeitig bat er um Entsendung eines »Regierungssozialisten zum Zwecke der Beruhigung«. Souchon erkannte offenbar die Hauptgefahr in der Kieler Arbeiterschaft und hoffte auf eine politische Lösung, zumal er auf weitere Gewaltanwendung verzichten wollte. In Berlin entschloss man sich, das Mitglied der sozialdemokratischen Reichstagsfraktion und Marinereferenten Gustav Noske (1868–1946) nach Kiel zur Befriedung der Situation zu entsenden. Ihm wurde aus Proporzgründen der demokratische Abgeordnete Conrad Haußmann (1857–1922) zur Seite gestellt; beide sollten »unter der Hand aufklärend wirken«.

HINTERGRUND ///

**ORDNUNG MUSS SEIN**

Die Revolution war offenbar noch nicht überall angekommen, wie die Episode der Berliner Gesandten im Zug nach Kiel zeigte: Der mit einem Fahrschein 3. Klasse ebenfalls mitgereiste Parteisekretär der Mehrheitssozialisten Schleswig-Holsteins, Heinrich Kürbis (1873–1951), wollte die Kollegen über das Geschehen in Kiel in deren 1.-Klasse-Abteil informieren. Es ging also um die große Politik, als der Schaffner sich über die Eigenmächtigkeit Kürbis', seinen dem bezahlten Fahrpreis entsprechenden Platz verlassen zu haben, echauffierte und am Zielort Kiel eine Bestrafung erwog.

Noskes Ankunft wurde in Kiel umjubelt, in seiner Rede auf dem Wilhelmplatz rief er dazu auf, Ruhe und Ordnung zu bewahren. Da sich offenbar niemand aus den Reihen der Aufständischen zur Leitung der Revolution im Stande sah, brachte sich Noske selbst ins Spiel. Die Aufständischen vertrauten ihm als »einem der ihren« wohl so sehr, dass sie ihn als Zivilisten per Akklamation zum Vorsitzenden des ersten Soldatenrates in Kiel ernannten. Am 7. November 1918 erlangte Gustav Noske als Kieler Gouverneur auch die Aufsicht über die zivile Verwaltung. Mit Verhandlungsgeschick und Übersicht lenkte er die Revolution in geordnete Bahnen. Mit der Demobilmachung am 11. November und den damit einhergehenden Massenentlassungen zehntausender Soldaten brachen den Arbeiter- und Soldatenräten die Mitglieder weg, sie lösten sich größtenteils auf.

Nachdem die Forderungen aus dem 14-Punkte-Plan weitgehend umgesetzt worden waren, trat in Kiel schnell wieder Normalität ein. Die Versorgung der Bevölkerung war gesichert, die Infrastruktur funktionierte, soweit es kriegsbedingt möglich war. Das gesellschaftliche Leben ging mit den verbliebenen 15 000 Marineangehörigen auf dem Westufer der Förde, der Arbeiterschaft auf dem Ostufer und der konservativen Verwaltung zunächst weiter wie bisher.

## *Unmittelbare Folgen der Revolution*

Die von den Kieler Matrosen angestoßene Revolution breitete sich über das ganze Reich aus und hatte zur Folge, dass der Reichskanzler Max von Baden (1867–1929) am 9. November 1918 in Berlin die Abdankung Kaiser Wilhelms II. verkündete, der daraufhin ins holländische Exil ging. Am selben Tag rief der SPD-Politiker Philipp Scheidemann (1865–1939) von einem Balkon des Reichstagsgebäudes die Deutsche Republik aus. Damit war ein wahrhaft historischer Wechsel der Gesellschaftsordnung vollzogen, der seinen Anfang in Kiel nahm. Eine weitere wichtige Folge der Revolution war die Einführung des Wahlrechts ab dem 20. Lebensjahr unabhängig von Geschlecht und Besitzstand; das bedeutete, dass endlich auch Frauen das Recht hatten, an der Urne ihre Stimme abzugeben.

Mit der Abdankung des Kaisers war die Monarchie nun endgültig Geschichte. Tragisch war dabei, dass der Anstoß zum Sturz der Monarchie ausgerechnet von Kaiser Wilhelms

BIOGRAFIE

**PRINZ HEINRICH: BLANKE SCHEIBEN – STOLZE MÜTZE**

Der Bruder Kaiser Wilhelms II., Prinz Heinrich (1862–1929), war das einzige Mitglied der kaiserlichen Familie, das in Kiel permanente Präsenz zeigte. 38 Jahre bewohnte er als Großadmiral und Oberbefehlshaber der Ostseeflotte das Kieler Schloss. Im Gegensatz zu seinem Bruder konnte er sich gefährliche Hobbies erlauben, neben der Fliegerei galt seine ganze Begeisterung dem Automobil. Er rief eine Tourenwagen-Rallye ins Leben, war Mitbegründer des ersten Automobil-Clubs in Schleswig-Holstein und machte sich auch über die Sicherheit des Autofahrens Gedanken. 1908 erwarb er das Patent auf einen von ihm konzipierten handbetriebenen Scheibenwischer. Und er machte die nach ihm benannte Mütze salonfähig, nur echt mit Eichenlaub und gelacktem Schirm.

Das Auto spielte auch in den Revolutionstagen eine Rolle. Am 5. November 1918 flüchtete Heinrich mit seiner Familie vom Kieler Schloss auf seinen Sommersitz bei Eckernförde und steckte zur Tarnung die rote Fahne der Aufständischen an sein Auto. Auf der Levensauer Hochbrücke über den Kanal geriet er unter Heckenschützenbeschuss, in dessen Verlauf ein Soldat den Tod fand.

1929 starb Prinz Heinrich auf seinem Landsitz auf Gut Hemmelmark, wo er, begleitet von einem Autokorso, im Mausoleum beigesetzt wurde.

geliebten Marine ausging. In Kiel brachen nun neue, nicht weniger aufregende Zeiten an.

1978 regte die Kieler SPD-Ratsfraktion einen Ideenwettbewerb für ein Denkmal zur Würdigung des 60. Jahrestages des Kieler Matrosenaufstandes an und entfachte damit eine kontroverse Debatte in Politik und Bevölkerung über das Für und Wider. Vier Jahre später, am 16. Juni 1982, wurde das von dem Hannoveraner Bildhauer Hans-Jürgen Breuste (1933–2012) konzipierte Denkmal »WIK« im Ratsdienergarten am Kleinen Kiel eingeweiht. Der Titel bezieht sich auf den Stadtteil Kiels, in dem die Marine ihren Standort bis heute hat und deren Soldaten den Anstoß für die Revolution gegeben hatten. Die Präsenz des Werks ist der historischen Bedeutung des Anlasses angemessen. Die verwendeten durch Härte und Langle-

**Das Revolutionsdenkmal „Wik" von Hans-Jürgen Breuste (1982) am Kleinen Kiel**

bigkeit gekennzeichneten Werkstoffe Stahl und Granit stehen stellvertretend für die Arbeiterschaft und das Kaiserreich. Die drei fest mit dem Boden verankerten, dabei aber wie schwankend scheinenden Stahlelemente balancieren die sie durchdringenden grob behauenen Granitsäulen und heben sie aus ihrem Fundament. Die eingravierten Zeilen aus dem Werk »Feuer aus den Kesseln« des SPD-Politikers, Revolutionärs und Schriftstellers Ernst Toller (1893–1939) sind den beiden schon 1917 zum Tode verurteilten Matrosen Albin Köbis und Max Reichpietsch gewidmet, die sich für bessere Bedingungen im Soldatenalltag und für ein Ende des Krieges eingesetzt hatten. Das Denkmal ist nach wie vor diskussionswürdig, es verlangt eine Auseinandersetzung des Betrachters mit dem Thema und erschließt sich nicht auf den ersten Blick – genau so, wie es sich der Bildhauer gewünscht hatte. Zum 100. Jahrestag des Kieler Matrosenaufstandes im Jahr 2018 wird es sicher eine tragende Rolle spielen.

# Zwischen Krise und Kommerz: Kiel in der Weimarer Republik 1918–1933

Kiel war von den Auswirkungen des verlorenen Krieges sowohl wirtschaftlich als auch gesellschaftlich besonders hart getroffen. Die Revolution in Kiel verlor nach Umsetzung der Forderungen der Arbeiter- und Soldatenräte sowie nach der Abdankung des Kaisers schnell ihre impulsgebende Rolle. Jetzt standen die Ereignisse in Berlin im Vordergrund, auf die man in Kiel reagierte. Die meisten Aufständischen sehnten sich nach einer Rückkehr in ihre Heimat und nach geordneten Verhältnissen. Der Umgang mit den neuen politischen und gesellschaftlichen Gegebenheiten war ungewohnt, vielfach stand man dem System der parlamentarischen Demokratie skeptisch gegenüber und war auch nicht gewillt, dieses widerstandslos zu akzeptieren. So forderten der 1919 von Berlin ausgehende Spartakus-Aufstand von links und der Kapp-Putsch ein Jahr später von rechts auch in Kiel Opfer.

## Spartakus-Aufstand und Kapp-Putsch

Wie unsicher die politische Lage im Januar des Jahres 1919 war, zeigt sich in der Radikalisierung linker Kräfte in Berlin, die den Sturz der Reichsregierung von Friedrich Ebert (1871–1925) und den Boykott der für den 19. Januar angesetzten Reichstagswahlen zum Ziel hatte und in dessen weiterem Verlauf die Führer des Aufstandes, Rosa Luxemburg und Karl Liebknecht, von rechts stehenden Freikorpsmännern ermordet wurden. Auch auf Kiel griffen die Berliner Ereignisse über und man reagierte mit Massendemonstrationen, die die neugegründeten Sicherheitstruppen und Studentenwehren befrieden sollten. Dem reaktionären Freikorps unter dem Korvettenkapitän Wilfried von Loewenfeld (1879–1946) kam die Aufgabe zu, die »Ansteckung durch linke Elemente« in Kiel zu verhindern.

Im Februar 1919 standen sich linke und rechte Kräfte gegenüber; die einen plünderten die stadtbekannten Waffenhandlungen, um sich zu bewaffnen, die anderen besetzten strategisch wichtige Punkte und Gebäude in der Stadt. Diese explosive Gemengelage hätte jederzeit zu bürgerkriegsähnlichen Zuständen führen können, wenn die gemäßigten Kräfte nicht die Oberhand gewonnen und die Situation entschärft hätten. Befriedigend war die Lage für keine der beteiligten Parteien: Der radikalisierten Linken ging die Revolution nicht weit genug, das rechte konservative Lager hoffte auf die Rückkehr zu den alten Verhältnissen; dazwischen sortierten sich die SPD und die Liberalen.

Ein Jahr später, am 13. März 1920, formierte sich in Berlin abermals Widerstand – diesmal von rechts – gegen die neue parlamentarische Ordnung, nachdem der Versailler Vertrag, der Deutschlands Reparationszahlungen an die Alliierten festlegte, am 10. Januar in Kraft getreten war. Generallandschaftsdirektor Wolfgang Kapp (1858–1922) und Reichswehrgeneral Walther von Lüttwitz (1859–1942) sammelten Anhänger der alten Ordnung um sich und initiierten einen rechts gerichteten Militärputsch (Kapp-Lüttwitz-Putsch) mit dem Ziel, die Republik und damit auch die Demokratie wieder abzuschaffen. Die Republikbefürworter reagierten mit dem bis dahin größten Generalstreik in der Geschichte des Landes, der den obendrein überstürzt und schlecht vorbereiteten Staatsstreich nach fünf Tagen in sich zusammenfallen ließ.

In Kiel nahm der Konteradmiral und Militärbefehlshaber Magnus von Levetzow (1871–1939) die Ziele des Staatsstreichs in Berlin auf, ließ führende Sozialdemokraten sowie die Leiter von Polizei und Verwaltung verhaften und verhängte ein Ausgangs-, Presse- und Versammlungsverbot. Die Gegenreaktion war auch hier: Generalstreik. Einen Tag nach Niederschlagung des Putsches in Berlin kam es am 18. März doch noch zu Straßenkämpfen in Kiel mit 68 Toten. Der mangelnde Rückhalt in der Bevölkerung für die reaktionären Ziele war ebenfalls ein Grund, weshalb der Kieler Putschversuch nicht erfolgreich war. Die Aufständischen konnten sich allerdings durch eine Generalamnestie aus der Verantwortung ziehen.

Mit dem Inkrafttreten des Versailler Vertrages, der Deutschland die Friedensbedingungen diktierte, war klar, dass Kiel einen erheblichen Teil dazu würde beitragen müssen. Die festgesetzten hohen Reparationszahlungen, der Abbau der Industrieanlagen und die Demobilmachung sorgten für eine hohe Arbeitslosigkeit und Abwanderung der Bevölkerung aus der Stadt, deren Einwohnerzahl sich innerhalb nur eines Jahres von 245 000 auf 205 000 reduzierte. Jetzt rächte sich die alleinige Ausrichtung auf die Kriegswirtschaft, andere Industrien, Gewerbe und Handel mussten erst mühsam aufgebaut werden. Also denkbar schlechte Voraussetzungen, um Kiel von der Kriegs- zur Friedenswirtschaft zu führen.

## Ein Glücksfall für Kiel: Oberbürgermeister Emil Lueken

Der Nationalökonom und Jurist Emil Lueken (1879–1961) aus Oldenburg hatte die Wahl an Kiels Verwaltungsspitze seiner Erfahrung als Oberbürgermeister der neu gegründeten Stadt Rüstringen, nahe des Reichskriegshafens Wilhelmshaven an der Nordsee, und einem Skandal in der Kieler Verwaltung zu verdanken. 1919 hatte sich der Oberbürgermeister Paul Lindemann (1871–1924) abfällig über die Qualifikation eines sozialdemokratischen Stadtrates geäußert und seinen Posten räumen müssen. Man hoffte, mit der Wahl des parteilosen Lueken die Gräben zwischen der sozialdemokratischen Mehrheit im Stadtrat und der konservativen Verwaltung zum Wohle der Stadt schließen zu können. Sein Credo war: Die Wirtschaft ankurbeln, Arbeitsplätze schaffen und die Stadt zukunftsfähig machen. Unter seiner Ägide entstanden die zivilen Häfen mit Speichergebäuden am Kanal und an der Förde, der Flughafen in Holtenau und der Schlachthof an der Hörn. Auch die Fährverbindungen in den Ostseeraum wurden wiederbelebt. Nebenbei sanierte er auch die Finanzen der Stadt und stellte sie auf eine solide Basis. Sein unermüdliches Verhandlungsgeschick führte zu Investitionen von öffentlicher und privater Hand für den Wiederaufbau der Stadt. Auf seine Initiative ging der Ausbau eines regelmäßigen Messewesens zurück, um Kiel wieder überregional bekannt zu machen.

Emil Lueken wollte aber auch städtebaulich ein Zeichen setzen und holte sich 1922 den Architekten Willy Hahn (1887–1930) und den Gartenbauarchitekten Leberecht Mig-

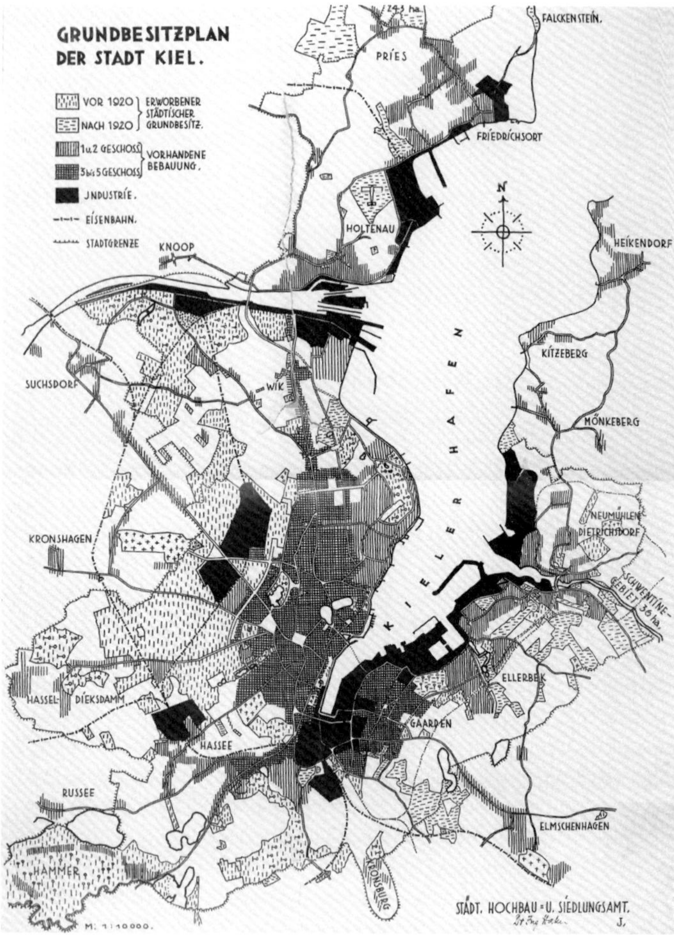


**Stadterweiterungsplan von Willy Hahn von 1929**

ge (1881–1935) an seine Seite, mit denen er schon in Rüstringen zusammengearbeitet hatte. Gemeinsam entwarfen sie für Kiel die Vision einer modernen und lebenswerten Großstadt im Sinne der Gartenstadtbewegung, die die Trennung von Wohn- und Gewerbegebieten, die Abstufung von Hochzu Flachbauzonen, Grüngürtel, Sportplätze und Kleingartenanlagen vorsah. Die radialen Ausfallstraßen führten in die Trabanten- bzw. Schlafstädte der Außenbezirke. Mit dem neuen Arbeitsamt am Wilhelmplatz von 1928 besaß Kiel sogar ein modernes preisgekröntes Haus nach Bauhaus-Vorbild. Innerstädtische Siedlungsbauten der 20er-Jahre im Stile der Heimatschutzarchitektur prägen auch heute noch einzelne Straßenzüge in Kiel.

## Heimatschutzarchitektur

Nach dem intensiven Rückgriff in der Wilhelminischen Zeit auf die Stilvielfalt vorangegangener Epochen (Historismus) und auf die flächenauflösende Ornamentik des Jugendstils besann man sich um 1900 auf die kulturelle Eigenart der deutschen Heimat, deren Bestand zu erhalten, zu pflegen und zu schützen war. Mit der hemmungslosen Ausdehnung der Großstädte und der damit verbundenen Landschaftszerstörung ging die Sorge um das traditionelle Handwerk, die Bauweise und das Material einher. Deshalb nutzte man ortsübliche Formen und landestypische Materialien der heimischen Baukunst und verband diese mit modernen Elementen, wie sie das Bauhaus in Weimar hervorgebracht hatte, mit der persönlichen Note des Architekten. Für Norddeutschland typisch war die Verwendung des dunkel gebrannten Backsteins, dessen Anordnung die Fassade auflockerte, das Netz heller Fugenlinien, weiße Fenster und Zäune, rote Ziegeldächer mit kupfergrünen Vordächern, Rohren und Turmspitzen. Die Häuserzeile am Sophienblatt, die Landwirtschaftskammer am Holstenplatz und die Speichergebäude am Fördeufer sind nur einige Beispiele und heute noch beredte Zeugnisse dieser Architekturform in Kiel.

## Kiel als Messestadt in der Zwischenkriegszeit

Mit der Lage an der Ostsee und den Verbindungen nach Skandinavien sollte Kiel ein wirtschaftliches Drehkreuz und Verbin-

**Das preisgekrönte alte Arbeitsamt (1928/29) von Willy Hahn und Rudolf Schroeder am Wilhelmplatz**

dungsglied zwischen In- und Ausland darstellen. Die Stadt hatte ab 1921 mit der Ausrichtung der Nordischen Messe und der Herbstwoche für Kunst und Wissenschaft eine Möglichkeit gefunden, ihr wirtschaftliches und kulturelles Potenzial überregional bekannt zu machen. In einem gemeinsamen Kraftakt von Verwaltung, Handel, Gewerbe und Kultur wurde zunächst jährlich eine Leistungsschau auf die Beine gestellt, die Vorbildcharakter auch für andere Städte hatte. Im September 1921 wurden erstmals alle verfügbaren innerstädtischen Ausstellungsräumlichkeiten (insgesamt 18 000 m²) genutzt, um die wirtschaftliche Leistungsfähigkeit der Region zu präsentieren. Zunächst war nur Fachpersonal zugelassen, später hatte auch die interessierte Öffentlichkeit Zugang. Die Stadt war mit Fahnen geschmückt, ein Ausstellungsrundgang zu den Messehäu-

## DIE KIELER KUNST-KERAMIK

Zur Stärkung der heimischen Wirtschaft und anknüpfend an die Kieler Fayence-Tradition gab Oberbürgermeister Emil Lueken 1924 den Anstoß zur Gründung der Kieler Kunst-Keramik, in der Hoffnung, mit den nachhaltigen und überregionalen Produkten neue Absatzmärkte zu erschließen. Mit ca. 40 Mitarbeitern und zurückgreifend auf die heimischen Tonvorkommen wurden Bau- und dekorative Feinkeramiken in der Stilvielfalt der 20er-Jahre geschaffen. Besondere Kennzeichen sind die kräftigen Farbglasuren für den Außenbereich und die feinen Netzlinien der matt türkisfarbenen Oberfläche der Feinkeramik. Die wirtschaftlichen und politischen Verhältnisse aber sorgten dafür, dass das junge Unternehmen 1929 geschlossen werden musste. Viele schöne Beispiele der Kieler Kunst-Keramik sind heute noch in Hamburg und Kiel an der Architektur jener Zeit zu entdecken.



sern wurde konzipiert, die Schaufensterdekorationen stellten sich einem Wettbewerb und Messegutscheine wurden ausgegeben. Die 500 Aussteller freuten sich über gute Geschäfte und 20 000 Besucher erlebten »Sehenswertes in Hülle und Fülle, und zwar durchweg Qualitätsware«.

Die Messe fungierte als eine Art Stadtmarketing, empfahl sich die Stadt doch auch als Touristenziel. Und die Kieler selbst konnten sich durch besondere Veranstaltungen, Vorträge und günstige Eintrittskarten von den Fortschritten in ihrer Stadt überzeugen. Für die Organisation der folgenden Messen wurde extra ein Messeamt ins Leben gerufen. Die Resonanz auf die Leistungsschau war so gut, dass sie als »preußische Großmesse« und Kiel als »die Messestadt des Nordens für den Norden« bezeichnet wurde. Ab 1923 fanden die Messen zweimal jährlich statt; eine besondere Attraktion in jenem Jahr war ein Rundflug mit einer Junkers D-260 vom neuen Holtenauer Flughafen über die Stadt.

1925 gab es jedoch einen spürbaren Einbruch. Die Konkurrenz durch andere Messestädte in Deutschland ließ die Teilnehmerzahlen und die Abschlüsse sinken. Es wurden Forderungen nach einer großen Messehalle mit mehr Fläche laut, um alles

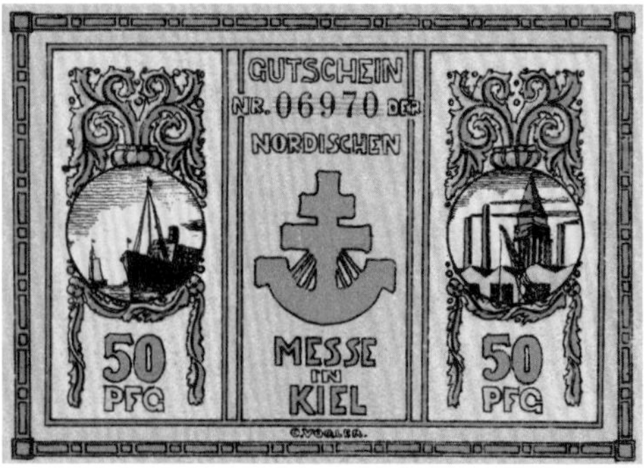

**Extra für die Besucher der Messen herausgegebene Gutscheine**

unter einem Dach präsentieren zu können. Das Messeamt und die Kieler Verwaltung reagierten, und nach nur fünf Monaten Bauzeit entstand die 8 000 m² große, 170 m lange und 52 m breite Nord-Ostsee-Halle auf einem Gelände mit Bahnanschluss, die 10 000 Besucher aufnehmen konnte.

Das hohe Engagement und die Bemühungen um eine wirtschaftliche Erholung blieben jedoch ohne nachhaltigen Erfolg. Mit der insgesamt achten Nordischen Messe in der neuen Halle im September 1925 endete das Messewesen in dieser Form in Kiel. Beteiligung und Rentabilität waren nicht mehr gegeben. Als Ersatz gab es jetzt nur noch Spezialausstellungen zum Thema Fischerei 1927 und Skandinavien 1929. Die Hauswirtschaftlichen Wochen 1928, 1929 und vor allem aber 1931 litten an den Folgen der Weltwirtschaftskrise wie Inflation, Massenarbeitslosigkeit und Streiks. Die 1931 und 1932 nicht nur in Kiel, sondern auch reichsweit organisierten »Deutschen Wochen« standen schon unter dem Einfluss der neuen Nationalsozialistischen Deutschen Arbeiterpartei (NSDAP) und dienten als Werbeveranstaltung für deutsche Produkte. Die deutsche Hausfrau sollte ihre Marktmacht ausnutzen und sich der Importwaren verweigern, um Arbeitsplätze in Deutschland zu sichern. Man bemängelte sogar die Beteiligung ausländischer Autos im Korso durch die Stadt und erwog, die französischen Ausdrücke für den Stoff- und Modebereich durch deutsche zu ersetzen.

Bereits im Herbst 1920 etablierte Kiel eine kulturelle und wissenschaftliche Gegenveranstaltung zum sportlichen Ereignis der Kieler Woche. Die Herbstwoche für Kunst und Wissenschaft war zu diesem Zeitpunkt in Deutschland ohne Vorbild und war ebenfalls eine gemeinsame Aktion von Verwaltung, kulturellen Kräften sowie den Wissenschafts- und Forschungseinrichtungen. Schon vor dem Krieg hatte der Direktor des Instituts für Weltwirtschaft und Seeverkehr, Bernhard Harms, eine Kulturwoche angeregt, die das vorhandene kulturelle Potenzial heben, die Heimatkultur stärken und die Stadt über die Grenzen Deutschlands hinaus als Brückenkopf zum Norden etablieren sollte. Mit dem Theaterintendanten Max Alberty und dem Universitätsprofessor für Germanistik Otto Mensing standen ihm je ein Vertreter der Kultur und der Forschung zur Seite.

In der Folgezeit fanden sieben Herbstwochen statt, die mit Opern- und Theaterpremieren, Konzerten und Ausstellungen einen Überblick über die kulturelle Vielfalt gaben. Herausragende Veranstaltungen waren z. B. der Vortrag von Albert Einstein zur Relativitätstheorie oder der Frauenrechtlerin Helene Lange zum Thema »Wandlungen in der Frauenfrage«. Ausstellungen expressionistischer Künstler wie Erich Heckel, Emil Nolde oder Max Pechstein fanden ebenso ihr Publikum wie die Ankunft des Zeppelins ZR III des Luftfahrtpioniers Hugo Eckener (1868–1954), des »Plattdeutschen vom Bodensee«, oder Vorführungen der neuen Medien Film und Funk.

Die Umsetzung des ehrgeizigen Projektes der Herbstwoche als Suche Kiels nach neuer Größe außerhalb seiner Marinetradition konnte aber nicht darüber hinwegtäuschen, dass die äußeren Bedingungen für die Beschäftigung mit Kunst und Kultur denkbar schlecht waren. In politisch und wirtschaftlich schwierigen Zeiten waren die Menschen oft genug mit dem nackten Überleben beschäftigt, für Kultur blieb nicht viel Raum. Die Ausstellungsserie in dieser Form wurde daher 1927 eingestellt. 1933 erfuhr die »Herbstwoche« noch einmal eine Neuauflage, allerdings nur zu Propagandazwecken der NSDAP, die die Veranstaltung in ihrem Sinne instrumentalisierte.

## *Die Stadt kommt nicht zur Ruhe*

Das neugegründete Handels- und Industrieamt sollte die Voraussetzungen zur Ansiedlung neuer Industrien und zur Auslastung der Werftanlagen des zivilen Schiffbaus schaffen. Für eine nachhaltige Entwicklung waren vor allem ein ruhiges Umfeld und Zeit notwendig; beides stand jedoch nicht in ausreichendem Maße zur Verfügung. Die galoppierende Inflation 1923 und die Einführung der Reichsmark setzten auch den Kielern zu. Die Überkapazität im Schiffbau führte zu einem Auftragseinbruch 1926/27 mit 15 000 Arbeitslosen, einer Zahl, die 1932/33 auf den Höchststand von 28 000 steigen sollte. Vom Zusammenbruch verschiedener Bankhäuser in Kiel 1928 und dem dramatischen Aktienverfall 1929 mit dem Kurssturz am Schwarzen Freitag waren fast alle Kieler direkt oder indirekt betroffen. Zwischen 1930 und 1933 erreichte die Weltwirtschafts- und Finanzkrise ihren Höhepunkt. Viele Bürger mussten Lohnkürzungen, Verschuldung und Verarmung hinnehmen. Pfandhäuser hatten Hochkonjunktur, Konkurse waren an der Tagesordnung und man verlor das Vertrauen in die noch junge Demokratie. Damit war der Boden für die NSDAP bereitet, die am 1. März 1925 die erste Ortsgruppe in Kiel gründete und sich als Sammelbecken Unzufriedener mit rechter und antisemitischer Gesinnung verstand. Hatte die Partei 1927 nur 127 Mitglieder, war sie 1931/32 bereits zur stärksten politischen Kraft in Kiel aufgestiegen.

**DIE ODYSSEE DES »GEISTKÄMPFERS«**

Der von Ernst Barlach 1928/29 gestaltete Geistkämpfer, heute vor der Nikolaikirche aufgestellt

Stadtbaurat Willy Hahn setzte trotz desolater Wirtschaftslage und prekärer Finanzen die Idee der Verschönerung der Kieler Altstadt um, indem er mit Zustimmung des Magistrats sowie der Kunstkommission sowie mit Mitteln aus dem Kunstfond den bedeutendsten lebenden norddeutschen Bildhauer, Ernst Barlach (1870–1938), für diese Aufgabe gewinnen konnte. Nach schwierigen Verhandlungen erhielt die Stadt Kiel für knapp 25 000 Reichsmark ein Monumentalwerk des expressionistischen Künstlers, das am 29. November 1928 in einer Mauernische der Klosterkirche aufgestellt und eine Woche später in aller Heimlichkeit und ohne feierlichen Rahmen enthüllt wurde. Barlach verzichtete auf einen Titel, sondern erklärte sein Kunstwerk mit »der äußeren Darstellung eines inneren Vorganges«. Der Titel »Geistkämpfer« war ein Vorschlag aus der Presse. Die Kieler begegneten der Verschönerung mit frostiger Ablehnung, dokumentiert durch das nächtliche Umbiegen des Schwertes. Die heraufziehende Nazi-Ideologie verunglimpfte das Werk als »entartet, undeutsch, dekadent und bolschewistisch«. 1937 wurde es von seinem öffentlichen Ausstellungsort entfernt und vorerst im Kieler Thaulow-Museum (Kunstgewerbemuseum der Provinz Schleswig-Holstein) untergebracht. Das Kunstwerk konnte im Zweiten Weltkrieg vor dem Einschmelzen durch einen fingierten Kauf des langjährigen Mitarbeiters Barlachs, Bernhard Böhmer, gerettet werden und verbrachte die Kriegszeit in vier Teile zerlegt in der Lüneburger Heide. Nach Kriegsende kaufte die Stadt Kiel das Kunstwerk ein zweites Mal, das 1954 mit einer angemessenen Feier nun vor der Nikolaikirche aufgestellt wurde, wo es heute noch steht. Es gilt als eines der bedeutendsten Kunstwerke Kiels im öffentlichen Raum.

# Kiel unterm Hakenkreuz 1933–1945

Trotz aller Bemühungen blieb der Stadt Kiel viel zu wenig Zeit, um sich nach dem Ersten Weltkrieg wirtschaftlich und gesellschaftlich neu zu orientieren. Der Umbau von der Kriegs- zur Friedenswirtschaft zu Anfang des neuen Jahrzehnts ging zunächst zügig voran, wurde aber durch äußere Umstände – wie im Krisenjahr 1923 – zurückgeworfen. Dennoch setzte bis 1929 eine Zeit der Entspannung, des Aufbaus und der Prosperität ein, die auch in Kiel als die Goldenen Zwanziger bezeichnet werden konnte.

Die gegen Ende des Jahrzehnts jedoch überall spürbare Weltwirtschaftskrise und ihre Folgen nutzten die Nationalsozialisten geschickt für ihre Zwecke. Zwar wurde Oberbür-

ZEITZEUGE

**HILLERT UND LOTTI – EINE TRAGISCHE LIEBE**

Emil Luekens Sohn Hillert lernte in Kiel seine große Liebe Charlotte Goldmann (1912–98) kennen. Sie nannte sich später Lotti Huber und wurde als Tänzerin, Barbesitzerin, Schauspielerin und Paradiesvogel der Kulturszene bekannt. Wegen Lottis jüdischen Glaubens suchte das junge Paar die Anonymität der Großstadt und zog nach Berlin. Durch Zufall trafen sie dort eine Klassenkameradin von Lotti, man freute sich über das Wiedersehen und trank gemeinsam Kaffee. Die Klassenkameradin erwies sich jedoch als Denunziantin, denn in der Nacht wurde das Paar von der Gestapo wegen »Rassenschande« verhaftet und ins Gefängnis gebracht. Hillert wurde 1937 von einem Gefängnisaufseher hinterrücks erschossen, Lotti kam erst ins Konzentrationslager, bevor sie von amerikanischen Organisationen freigekauft wurde, nach Palästina auswanderte und sich schwor, niemals wieder nach Kiel zurückzukommen. Zu schmerzlich waren für sie die Erinnerungen an die glücklichen Tage in ihrer Heimatstadt. 1982 machte sie die einzige Ausnahme, als sie auf Einladung der Stadt Kiel dort ihren neuen Film »Unsere Leichen leben noch« vorstellen sollte.

germeister Emil Lueken 1932 gegen die Stimmen von NSDAP und SPD für eine weitere Amtszeit wiedergewählt, büßte aber seine sichere Mehrheit im Stadtrat ein. Als jetzt die NSDAP siegreich aus den Reichstagswahlen vom 5. März 1933 hervorgegangen war, wurde Lueken aufgefordert, die nationalen Wahlergebnisse auf den Kieler Stadtrat zu übertragen und die SPD-Stadträte vorzeitig zu entlassen. Lueken weigerte sich, wurde kurzerhand abgesetzt und musste Kiel verlassen. Gleichschaltung, Ausrichtung auf die Partei und das Führerprinzip waren in allen Bereichen des öffentlichen Lebens spürbar.

## *Die braune Stadt*

Das Rathaus wurde nach den Kommunalwahlen am 12. März 1933 im Handstreich von der Partei eingenommen, 300 nicht genehme Mitarbeiter, vor allem aus SPD und bürgerlichen Parteien, wurden als »staatsschädigende Elemente« entlassen und der NSDAP-Kreisleiter Walter Behrens (1889–1977) als neuer Bürgermeister eingesetzt. Der Hitlergruß war jetzt im Rathaus obligatorisch, alle Kunstwerke von »Marxisten, Ausländern und Juden waren zu entfernen«. Eine Bücherverbrennung auf dem Wilhelmplatz und die Beschlagnahmung von »entarteter« Kunst folgten. Die Gewerkschaften gingen in der Zwangsorganisation der Deutschen Arbeitsfront auf, auf dem Gewerkschaftshaus, jetzt Haus der Arbeit, wehte wie auf vielen anderen öffentlichen Gebäuden die Hakenkreuz-Fahne als Zeichen der Übernahme. Vereine, Verbände, Kammern und vor allem die Jugendorganisationen waren fest in der Hand der Partei, die sich mit auf sie zugeschnittenen Gesetzen einen legalen Anstrich gab. Damit fand die kurze demokratische Phase der Weimarer Republik endgültig ihr Ende; jetzt herrschte eine Diktatur.

## *Jüdisches Leben in Kiel*

Bürger jüdischen Glaubens sind erst seit dem 18. Jahrhundert in Kiel belegt, als sie unter dem Schutz des dänischen Königs

Christian VII. (1749–1808) standen. Ein Kaffeehaus in der Kehdenstraße diente ab 1782 als Betraum, bevor die jüdische Gemeinde 1869 in die Synagoge in der Hassstraße umzog. 1910 erfolgte ein weiterer Umzug in die große Synagoge am Schrevenpark/Ecke Humboldtstraße, die in der Nacht vom 9. auf den 10. November 1938 in der Reichspogromnacht den Flammen zum Opfer fiel. Seit 1989 erinnert ein Mahnmal an selber Stelle an die Freveltat.

Bis 1933 hatte die jüdische Gemeinde 600 Mitglieder, die sich in der Nazi-Zeit durch Verfolgung, Deportation, Emigration und Ermordung auf 60 reduzierten. Die Stadt brachte unter anderem das Haus einer jüdischen Familie am Kuhberg/Ecke Feuergang im alten Gänge-Viertel (heute Europaplatz), einem Arme-Leute-Quartier mit engen verwinkelten Gassen, an sich und nutzte das »Judenhaus«, um dort die jüdische Bevölkerung zusammenzufassen und von dort aus zu deportieren. Das Gänge-Viertel wurde durch die Luftangriffe dem Erdboden gleich gemacht, nur einige Straßennamen sind erhalten geblieben. Seit Anfang der 2000er-Jahre erinnert ein von einem Nachfahren einer dort ansässigen jüdischen Familie gestifteter Gedenkstein an das Schicksal dieses Stadtviertels und seiner Bewohner. Heute gibt es wieder zwei jüdische Gemeinden mit 550 Mitgliedern in Kiel.

## Politische Universität

Auch die Kieler Universität blieb von der »Gleichschaltung« nicht verschont. 1933 waren bereits 25 von insgesamt 108 Professoren Mitglied in der NSDAP. Unliebsame Mitarbeiter, Studenten und Professoren wurden zumeist aus rassischen, religiösen oder politischen Gründen aus dem Lehrbetrieb entfernt, viele tauchten unter oder emigrierten ins Ausland. Die nationalsozialistisch unterwanderte juristische Fakultät verstand sich als »Stoßtrupp-Fakultät« und etablierte die »Kieler Schule«, die mit dem Grundsatz »Recht ist, was dem deutschen Volk dient« die juristische Grundlage der nationalsozialistischen Rechtsordnung legte. Der schon erwähnte Direktor des Instituts für Inter-

**ERSTES OPFER: WILHELM SPIEGEL**

Der in Gelsenkirchen geborene Jurist und sozialdemokratische Politiker Wilhelm Spiegel (1876–1933) eröffnete 1905 in der Dänischen Straße 15 in Kiel eine Kanzlei, übernahm ab 1909 den stellvertretenden Vorsitz der jüdischen Gemeinde und von 1919 bis 1924 das Amt des Vorsitzenden der Stadtverordnetenversammlung. Mit der Verteidigung des Chefredakteurs der Schleswig-Holsteinischen Volkszeitung, Kurt Wurbs, der Hitler die beweisbare Vorbereitung eines Bürgerkrieges vorgeworfen hatte, geriet Spiegel 1932 in das Visier der Partei. Er verlor den Prozess, Wurbs musste trotz seine Aussage belegender Beweise einen Widerruf akzeptieren. Die Rechtsprechung der Weimarer Republik entlarvte sich selbst als auf dem rechten Auge blind. Einen Monat später gab es einen Sprengstoffanschlag auf die Synagoge am Schrevenpark.
Der Aufforderung, das Land zu verlassen, kam Spiegel nicht nach, stattdessen kandidierte er bei den Kommunalwahlen am 12. März 1933 für die SPD. In der Nacht vom 11. auf den 12. März wurde Wilhelm Spiegel von als Polizisten verkleideten Tätern in seinem Haus im Forstweg 42 hinterrücks erschossen. Die Tat konnte angeblich nicht zweifelsfrei einer Gruppierung zugewiesen werden, obwohl Augenzeugen gute Täterbeschreibungen abgegeben und SA-Uniformen erkannt hatten. Die Ermittlungen wurden ergebnislos eingestellt. Die Partei nahm den Spiegel-Mord zum Anlass, sich per Verordnung missliebiger politischer Konkurrenz zu entledigen.



nationales Recht, Walther Schücking, zog mit seinem Demokratieverständnis und seiner pazifistischen Haltung den Zorn der nationalsozialistisch organisierten Studentenschaft auf sich. Seine Vorlesung 1931 in der »Seeburg«, einer studentischen Sport- und Erholungsstätte an der Förde, wurde durch einen Tränengasanschlag gestört, seine Bücher als »Tertianerschnitzer« verunglimpft und öffentlich verbrannt. Auch die philosophische Fakultät ließ sich instrumentalisieren und erforschte an der nun umbenannten »Grenzlanduniversität« die rassischen und kulturellen Gemeinsamkeiten mit Skandinavien, um die Abstammung des »Herrenmenschen« zu begründen.

## *Reichsmarinestadt Kiel*

Kiel sollte wieder eine wichtige Rolle in der von den Nazis angekündigten Aufrüstung und Wiederbewaffnung spielen und insbesondere Stützpunkt der U-Boot-Flotte werden. Statt Fähren und Frachter wurden nun wieder Kreuzer und Schlachtschiffe auf den Werften produziert. Die Maßnahmen für den zivilen Ausbau wurden eingestellt, von Friedenswirtschaft war keine Rede mehr. Wie schon einmal, bestimmte die Marine die Geschicke der Stadt. Werften, Schiffbau und Zulieferindustrie boomten, die Arbeitslosenzahlen sanken merklich, die Menschen glaubten, wieder eine Perspektive zu haben, und die Einwohnerzahl stieg 1939 auf 270 000. Die Vorbereitungen für einen möglichen Krieg wurden dieses Mal frühzeitig ergriffen, denn es war klar, dass Kiel durch die Rüstungsanlagen Ziel von Luftangriffen sein würde. Über 70 Hoch- und Tiefbunker, Schutzräume und Luftschutzstollen mit Platz für 34 000 Menschen wurden zum Schutz der Zivilbevölkerung und den kriegsrelevanten Industrieanlagen gebaut und regelmäßig darin Übungen abgehalten.

**Eingang zum heute alten Olympia-Hafen von 1936**

**SEGELOLYMPIADE 1936**

Mit der Vergabe der Olympischen Spiele 1936 nach Berlin, Kiel (Segeln) und Garmisch-Partenkirchen (Winter) erhielt Nazi-Deutschland die erhoffte internationale Aufmerksamkeit, um sich als friedliches und weltoffenes Land zu präsentieren. Die Ausrichtung der Segelolympiade war auch logistisch eine Herausforderung, denn Segeln war erst seit 1928 bei den Spielen in Amsterdam olympische Disziplin. Deutschland war mit zwei Booten vertreten, 1932 in Los Angeles sogar nur mit einer Jolle. Kiel hatte aber durch die Kieler Woche Erfahrung in der Organisation von Segelereignissen und verfügte über die entsprechende Infrastruktur, die durch einen neuen Olympia-Hafen und ein Wohnheim für die Segler am Fördeufer ergänzt wurde. Zwischen dem 3. und 14. August stand die Stadt ganz im Zeichen der olympischen Ringe, war mit Fahnen geschmückt und begrüßte Sportler aus 26 Nationen. Der am Ufer vertäute Nachbau einer Hansekogge trug das olympische Feuer in seinem Masttopp. Ein Marineboot, das sich unerlaubterweise zwischen Kogge und Ufer aufhielt, durchtrennte jedoch den Gasschlauch für das Feuer, das daraufhin, neu entzündet, kein olympisches mehr war. Die kommentierten Wettfahrten auf der Förde wurden per Lautsprecher überall in der Stadt übertragen, tausende Zuschauer säumten die Förde oder nahmen an den Begleitfahrten teil. Kiel erhielt auch Besuch von der bekannten und von den Nazis geschätzten Filmemacherin Leni Riefenstahl, die in einem Fesselballon über dem Regattafeld schwebte und spektakuläre Aufnahmen vom Renngeschehen machte. Deutschland »ersegelte« sich drei Goldmedaillen. Der in den offiziellen Reden immer wieder beschworene Friedenswille war freilich reine Propaganda – die Vorbereitungen für den nächsten Krieg waren längst im Gange.

HINTERGRUND

## Kiel im Zweiten Weltkrieg

Während sich die Luftangriffe der britischen und amerikanischen Verbände zu Beginn des Krieges in Kiel auf die Industrieanlagen konzentrierten, fielen ab 1943 die Bomben flächendeckend. Die 44 000 Spreng- und 500 000 Brandbomben bei

Kriegszerstörungen an der Holtenauer Straße/Ecke Lehmberg 1945/46

90 Luftangriffen legten die Stadt bis zu 80 % in Schutt und Asche, zerstörten die historische Altstadt und wichtige Baudenkmale unwiederbringlich. Bei Kriegsende glich die Kieler Förde mit 280 Wracks einem großen Schiffsfriedhof, allein 35 U-Boote lagen durch Selbstzerstörung auf Grund, damit sie nicht in Feindeshand fielen. Die Relikte aus der Kriegszeit, die vielen Blindgänger, die bei Auswertung von Luftbildaufnahmen und bei Bauarbeiten immer wieder zu Tage kommen, werden den Kampfmittelräumdienst in Kiel auch in den nächsten Jahrzehnten noch beschäftigen.

Trotz des umfassenden Zivilschutzes verloren ca. 2900 Zivilisten ihr Leben. Allein die Zerstörung des Moltkestollens am 3. April 1945, kurz vor Ende des Krieges, forderte 217 Opfer unter Frauen und Kindern an einem Tag. 167 000 Menschen wurden obdachlos oder hausten in provisorischen Unterkünften, Gas-, Wasser- und Stromanlagen fielen aus, der Hunger trieb die Menschen zu Plünderungen und Diebstahl, der

Schwarzmarkt blühte, man zahlte in Schmuck oder Tabak. Die Lage verschärfte sich noch, als die Rückkehr der aufs Land Evakuierten und der Flüchtlinge über die Ostsee die Einwohnerzahl Kiels zeitweise auf 345 000 anschwellen ließ. Kiel war Zielhafen unzähliger Flüchtlingstransporte aus den Ostgebieten des Deutschen Reiches, die vor allem in der Strander Bucht, in Laboe und Möltenort an Land gebracht wurden. Das Passagierschiff der Deutschen Ostafrikalinie »Ubena« rettete auf seinen Fahrten allein 27 000 Flüchtlingen das Leben. Auf Anordnung des Kapitäns erhielten alle 30 bei den Rettungen an Bord Geborenen, egal ob Junge oder Mädchen, als zweiten Namen »Ubena«. Um die Stadt herum entstand eine Reihe von Flüchtlingsunterkünften, die für viele Heimatlose ein sicherer Ort waren, trotz schlechter hygienischer Bedingungen und mangelnder Versorgung.

## *Kiel unter britischer Besatzung*

Mit dem letzten Bombenangriff am 3. Mai 1945 und dem Befehl zur Selbstzerstörung und Versenkung von 140 Schiffen in der Kieler Förde ging der Krieg für Kiel endgültig zu Ende. Das Abschießen und Sprengen der verbliebenen Munition auf den noch vorhandenen Kriegsschiffen und der 130 Flakgeschütze in der Stadt versetzte die Bevölkerung aber nochmal in Angst und Schrecken, bevor das 300 Mann umfassende britische Vorauskommando (Target-Force) das zur »offenen Stadt« erklärte Kiel ohne Widerstand einnahm. Die gelassene Haltung des britischen Majors Tony Hibbert, der seinem Gegenüber, Presseoffizier Kapitän zur See Wilhelm Mohr, mit den Worten »Sir, ich bin hierhergekommen, um Ihnen bei der Beendigung dieses verfluchten Krieges zu helfen« entgegentrat, sorgte für eine Übergabe der Stadt ohne Blutvergießen. Wichtigste Aufgaben der Besatzer waren Versorgung der Bevölkerung, Unterbringung der Flüchtlinge, Garantie für die Sicherheit, Demobilisierung deutscher Kriegsgefangener, Zerstörung von Kriegsgerät sowie Aufspüren und Internieren von NS-Funktionären. Gleichzeitig sollten aber auch die vorhandenen kriegsrelevanten Anlagen sowie sämtliche Konstruktionsunterlagen für die U-Boote und deren Ausrüstung gesichert werden. Die Briten wollten ihre Beute selbst nutzen. Auch der noch intakte Kanal versprach durch Gebühren hohe Einnahmen für die britische Besatzungsmacht, die nach Gegenrechnen mit den Instandhaltungskosten allerdings derart zusammenschmolzen, dass das Betreiben unattraktiv war und die Idee nicht weiter verfolgt wurde. Die britischen Soldaten quartierten sich in Kiel ein und beschlagnahmten dazu geeignete Häuser und Wohnungen; Voraussetzung war eine intakte Abwasserentsorgung, sprich: WC.

Nachdem der Nazi-Oberbürgermeister Walter Behrens und mit ihm eine große Zahl von Verwaltungsleuten abgesetzt und verhaftet worden waren, übernahm die Aufgabe der unbelastete Jurist Max Ehmke (1882–1982), der sich für die von den Nazis Verfolgten eingesetzt hatte. Damit konnte wenigstens die Verwaltung leidlich ihre Arbeit aufnehmen. Auch die Bevölkerung ging pragmatisch mit den braunen Relikten um. Not macht bekanntlich erfinderisch, und so wurden die blauweiß karierten Wehrmachtsbettbezüge zu Kleidern und die roten Hakenkreuzfahnen zu Schürzen umgearbeitet. Die britischen Soldaten freuten sich über die deutsche »Tracht«.

# *Wiederaufbau und Wirtschaftswunder 1945–1970*

## *Kiel nur noch ein Fischerdorf?*

Die britische Militärregierung setzte ihr Vorhaben, Kiel restlos zu entmilitarisieren und allenfalls als Stadt mit Fischerhafen zu belassen, zunächst konsequent in die Tat um, bei allem Verständnis für die desolate Lage der Bevölkerung und den Schock über das Ausmaß der Zerstörungen. Zwar bestand mit der Stadtverwaltung Konsens darüber, auf den Wiederaufbau der Rüstungsindustrie grundsätzlich zu verzichten, gleichwohl gab es unterschiedliche Meinungen, wie die vorhandenen Anlagen zu nutzen waren. Am 5. November 1948 lag der endgültige Plan der Briten vor, wie weitgehend die Demontage vorgenommen werden sollte. Von den einstmals 412 Industriebetrieben waren am Ende des Krieges noch 225 übrig, die wiederum durch Abbau und Sprengungen auf 112 Anlagen zu reduzieren waren. Zwischen dem 28. Februar 1949 und dem 5. Mai 1950 erschütterte jeden Tag um 16 Uhr eine Detonation die Stadt, bei der immer wieder wichtige Anlagen, die für den Wiederaufbau hätten genutzt werden können, zusammen mit insgesamt 30 000 Arbeitsplätzen verloren gingen. Wie sollte die Stadt so eine Friedenswirtschaft aufbauen und neue Gewerbe ansiedeln? Dafür brauchte es den richtigen Mann zur richtigen Zeit am richtigen Ort.

## *Der zweite Glücksfall für Kiel: Die Ära Andreas Gayk*

Der im heutigen Kiel-Gaarden geborene Journalist und Politiker Andreas Gayk (1893–1954) wurde nach einer kaufmännischen Lehre zunächst Redakteur der Schleswig-Holsteinischen Volkszeitung. Nachdem er bereits mit 18 Jahren SPD-Mitglied geworden war, engagierte er sich 1919 während der Revolution

**Porträt des Oberbürgermeisters Andreas Gayk im Wandelgang des Kieler Rathauses**

politisch im Arbeiter- und Soldatenrat in Kiel. Wegen seiner politischen und beruflichen Ausrichtung geriet er ins Visier der Nazis und floh nach Berlin. Gayk und seine Frau Frieda mussten den Verlust beider Söhne im Krieg verkraften. Nach der Rückkehr in seine Heimatstadt stellte Andreas Gayk sein politisches Leben ganz in den Dienst des Wiederaufbaus.

Seit dem 18. Oktober 1946 stand der SPD-Politiker als Oberbürgermeister vor der Aufgabe, seine Stadt aus 5,3 Mio. Kubikmetern Schutt und Trümmern wiederaufzubauen. Er betätigte sich als Motivator für die Kieler Bürger, holte sie aus ihrer traumabedingten Lethargie und forderte sie auf, den Aufbau ihrer Stadt selbst in die Hand zu nehmen. Die Bürgerinnen und Bürger opferten ihre Wochenenden, Sonn- und Feiertage und sorgten dafür, dass Kiel innerhalb kurzer Zeit vorbildlich als bestgeräumte Stadt Deutschlands galt. Der Schutt konnte als Baustoff zu Geld gemacht werden und diente als Material für den Bau von 20 000 Wohnungen. Für eine Bebauung der freien Flächen fehlte zunächst das Geld. Um der Bodenerosion vorzubeugen, pflanzten die Kieler Schüler in einer Gemeinschaftsaktion schnellwachsende Pflanzen auf die Grundstücke. Einige der sogenannten »Gayk-Wäldchen« sind bis heute Teil der innerstädtischen Grünanlagen. So waren wenigstens optisch die Folgen des Krieges schnell verschwunden.

Gayk setzte sich unermüdlich für seine Heimatstadt ein und war davon überzeugt, dass Kiel keine sterbende, sondern eine für seine Zukunft kämpfende Stadt war. Er gab keinen Betrieb verloren und nötigte der Militärregierung durch sein Verhandlungsgeschick Respekt ab. Als die Maschinenfabrik Holmag (später MaK) im Stadtteil Friedrichsort gesprengt werden sollte, ließ er wissen, dass die Hallen nur mit ihm zusammen in Rauch aufgehen könnten. Soweit kam es aber nicht mehr, der Sprengbefehl wurde rechtzeitig ausgesetzt und die Fabrik blieb erhalten.

Gayk hat sich zweifellos um seine Heimatstadt verdient gemacht. Ihm war die Leistung der Kieler Bevölkerung aber viel wichtiger, und so bestimmte er in seinem kommunalpolitischen Testament eine entsprechende Würdigung. Die Fertigstellung des Wandreliefs »Bürger bauen eine neue Stadt« im Bürgeramt des Rathauses erlebte er nicht mehr. Andreas Gayk verstarb 1954 an einem Krebsleiden. Nach der Ehrenbürgerwürde ist die Verleihung der Andreas-Gayk-Medaille heute die höchste Auszeichnung, die die Stadt Kiel zu vergeben hat.

## Integration der Flüchtlinge

Zu der wohl wichtigsten Aufgabe der Kieler Stadtverwaltung nach 1945 gehörte die angemessene Versorgung, Unterbringung und Integration der vielen tausend Flüchtlinge und Heimatlosen, die in der Stadt gestrandet waren. Die heimische Bevölkerung stand ihnen vielfach skeptisch gegenüber, sollte sie doch jetzt das Wenige, was noch da war, mit »Fremden« teilen. Andreas Gayk ging ganz pragmatisch an das Problem heran und sah in den Fähigkeiten und Ausbildungen der Flüchtlinge ein großes Potenzial für den Wiederaufbau der Stadt. Er befand, dass die Einheimischen ebenso Hand anzulegen hatten wie die in der Welt umhergestoßenen Menschen, die sesshaft zu machen seien und denen krisenfeste Arbeit zu geben sei. Zu allererst aber war dafür zu sorgen, dass die Wohnlager in den Außenbezirken der Stadt schnellstmöglich aufgelöst wurden und angemessener Wohnraum geschaffen werden sollte.

Der vom Stadtbaudirektor Herbert Jensen (1900–68) bereits am 29. Mai 1946 vorgelegte Generalbebauungsplan für Kiel sah Wohnraum für eine realistische Einwohnerzahl von bis zu 250 000 vor. Die Stadtverwaltung erkannte in der Zerstörung auch eine Chance zur Modernisierung, ohne auf Bestehendes Rücksicht nehmen zu müssen. Die auch überregional immer wieder zu Wettbewerben aufgerufenen Architekten fanden ein freies Feld vor, dessen Bebauung viel Platz für Visionen ließ und dessen alte Strukturen konsequent überbaut wurden. Der Wiederaufbau der Stadt sollte nach neuzeitlichen Grundsätzen modern, aufgelockert, durchgrünt und verkehrsgerecht umgesetzt werden. Statt enger, verwinkelter Gassen sorgten nun großzügige Durchgangsstraßen mit Blickachsen unter Berücksichtigung des zukünftigen Verkehrs für Licht und Luft. Dabei orientierte man sich an den seit 1901 verbindlichen Bebauungsplänen von Josef Stübben, den raumplanerischen Konzepten Willy Hahns aus den 20er-Jahren sowie an Herbert Jensens eigenen Ideen »Umbau der Stadt Kiel« aus den 30er-Jahren. Statt die Wohnhäuser der Innenstadt wiederaufzubauen etablierte sich dort ein Geschäftsviertel, das mit einer neuen Trassenführung, der Neuen Straße, seit 1954 Andreas-Gayk-Straße, umfahren werden sollte. Die Holstenstraße wurde zunächst für den Verkehr gesperrt und 1956 zur ersten Fußgängerzone in Deutschland nach dem Krieg erklärt. Sie gilt heute als Sinnbild des modernen fortschrittlichen Kiels.

In vielen Stadtplanungs- und Architekturwettbewerben entwickelte sich eine kostengünstige und zweckmäßige Kastenbauweise mit Flachdach und eingezogenem Staffelgeschoss in Anlehnung an die Bauhaus-Architektur. Auf denkmalgerechte Rekonstruktionen oder andere ästhetische Gesichtspunkte verzichtete man bewusst. Kiel kann mit einer

Reihe hervorragender Bauten der 50er- und 60er-Jahre aufwarten. Die Bewertung des modernen Wiederaufbaus Kiels war in der Fachwelt als vorbildlich gelungen angesehen worden. Der Vorwurf der optischen Eintönigkeit wird zwar immer wieder laut, erklärt sich aber aus der Dichte der vielen Neubauten, die schnell und in großer Zahl gebraucht wurden und den einstmals historischen Charakter der Altstadt nachhaltig veränderten. Vielleicht tröstet die Vorstellung, dass Kiel mit seiner kompakten Nachkriegsarchitektur ein Alleinstellungsmerkmal besitzt und irgendwann komplett unter Denkmalschutz gestellt werden könnte. Die Einordnung als Weltkulturerbe wäre zum heutigen Zeitpunkt aber wohl noch ein verwegener Gedanke.

## *Weißer Riese im Grünen*

Bereits zum Ende der 50er-Jahre war klar, dass Kiel zu wenig Wohnraum hatte. Der Platz in der Innenstadt war begrenzt, also blieb nur eine Ausdehnung auf der grünen Wiese am Stadtrand. Der Meierhof »Mettenhof« mit seinen Ländereien wurde 1963 eingemeindet, auf dessen Fläche der große Wurf gelingen und eine Trabantenstadt als Vorzeigemodell modernen Wohnens entstehen sollte. Die Baugesellschaft »Neue Heimat« plante in sechs Bauabschnitten ein neues Quartier für 21 000 Menschen. Dabei sollten große Wohnblöcke neben Einfamilienhäusern, Hochhäuser neben Reihenhäusern platziert und so für eine soziale Durchmischung gesorgt werden. Zwar wurden die ersten Bewohner mit einem Kühlschrank zum Einzug gelockt, das Konzept »Gesundheit, Lebensfreude und ein glückliches Kiel« ging aber nur zum Teil auf. Das schon von weitem sichtbare 100 m hohe Wohnhochhaus, von den Kielern »Weißer Riese« genannt, gab dem Viertel seinen englischen Namen »Mettentown«. Die »Amerikanisierung« des Viertels mit rückläufigen Bewohnerzahlen, Leerständen, Vandalismus und Kriminalität legten soziale Probleme offen, denen man inzwischen mit Sanierung, Verschönerung und Neugestaltung entgegenwirkt.

## *Das Kieler Schloss*

Das Kieler Schloss war und ist bis heute ein treuer Begleiter der Kieler Stadtgeschichte. Einstmals als Burg zur Sicherung der Verbindung zwischen Altstadthalbinsel und Festland angelegt, erfuhr der Bau über die Jahrhunderte zahlreiche Veränderungen, Restaurierungen und Erweiterungen. Dabei diente es als herzoglicher Witwensitz und Residenz sowie als Lazarett. In seinen Mauern fand ein Teil der Gründungsfeierlichkeiten der Universität statt, es war kurzzeitig Tagungsort für die neue Landesregierung nach 1945 und gab der schleswig-holsteinischen Landesbibliothek eine neue Heimat. Das Schloss hat Einquartierungen, Plünderungen und zwei Brände überstanden. Der letzte Schlag, die Zerstörungen durch die Bombenangriffe, besiegelte das Schicksal des Kieler Schlosses. Im Zuge des Gesamtbebauungsplanes für den modernen Aufbau der Stadt ohne »Fesseln der Vergangenheit« entschied man sich, die Schlossruine bis auf die Fundamente abzutragen und einen Architektenwettbewerb mit der Bauaufgabe eines demokratischen Kulturzentrums für alle Kieler Bürger auszuschreiben. Ausgehend vom ursprünglichen Grundriss der Dreiflügel-

**Das Kieler Schloss, 2014**

anlage, interpretierten die Hamburger Architekten Herbert Sprotte und Peter Neve die Gebäude im modernen und funktionalen Stil. Das Resultat war nicht unumstritten und bietet bis heute Anlass für Diskussionen. Mit der Einweihung des neuen Schlosses 1965 und dem Neubau des angrenzenden Konzertsaales sollte der Wiederaufbau der Kieler Innenstadt zunächst abgeschlossen sein. 2003 waren der Sanierungsstau und die laufenden Kosten für das Schloss allerdings so hoch, dass die Immobilie in bester Innenstadtlage für einen Euro an private Investoren veräußert wurde; die Nutzungsrechte für die Öffentlichkeit und die Denkmalauflagen blieben dabei erhalten. Das Schicksal des Schlosses wird die Kieler Verwaltung auch in Zukunft beschäftigen.

## *Neue Industrien an der Förde*

Nur mit der von der britischen Militärregierung erlaubten Produktion von Alltagsdingen wie Töpfen, Wasserpumpen und landwirtschaftlichen Geräten konnten die dringend benötigten Arbeitsplätze nicht entstehen. Andreas Gayk griff daher die Wirtschaftsmessen der 20er-Jahre wieder auf und veranstaltete 1947 die »Septemberwoche« unter dem Motto »Kiel im Aufbau«, eine Leistungsschau des zivilen Gewerbes, die zu Investitionen animieren sollte. Und das war erfolgreich: Die Namen der Firmen, die in Kiel Produkte der maritimen Technologie (Kompasse, Echolote, Schiffsmotoren), der Elektrotechnik und Feinmechanik (Telefaxgeräte, Radios, Plattenspieler, Telefonanlagen) herstellten, wurden weltweit bekannt, darunter Hell, Hagenuk und Elac. Mit der Übersiedlung zweier sächsischer Trikotage- und Strumpfhersteller (Tilly) an die Förde und Betrieben der Lebensmittelindustrie (Marmelade, Marzipan, Brot, Fisch, Spirituosen) konnte auch das Bedürfnis nach Dingen des täglichen Bedarfs gedeckt werden.

Alles in allem entstanden zu Anfang der 60er-Jahre 130 000 Arbeitsplätze in Produktion, Gewerbe, Handwerk und Dienstleistung – und damit herrschte annähernd Vollbeschäftigung. Es gab aber weitaus mehr zu tun, als Arbeitskräfte vorhanden waren. Und so setzte sich 1966 auch in Kiel die Erkenntnis durch, dass es ohne Gastarbeiter nicht geht. Man begrüßte die ersten südeuropäischen Gastarbeiter, vor allem aus der Türkei, die im alten Werftarbeiterviertel Gaarden auf dem Ostufer eine neue Heimat fanden. Im September 1970 verzeichnet die Statistik nur 896 Arbeitslose bei einer Einwohnerzahl von 273 583, davon 3071 Gastarbeiter. Viele davon sind geblieben, haben ihre Familien nachgeholt oder gegründet, sich integriert und sind hier heimisch geworden.

## *Kiel setzt mit innovativen Entwicklungen Maßstäbe*

Zu den Neuansiedelungen in Kiel nach dem Krieg gehörte auch die Firma des Oberpfälzer Ingenieurs und genialen Erfinders Dr. Rudolf Hell (1901–2002). In seiner Doktorarbeit 1924 nahm er die Entwicklung des späteren Fernsehapparates vorweg, sein 1929 konzipiertes Funkpeilgerät revolutionierte als Autopilot die Luftfahrt. Oberbürgermeister Andreas Gayk stellte 1947 für Hells neugegründete Firma in Kiel Räumlichkeiten an der Schwentinemündung zur Verfügung, aus denen bis in die 90er-Jahre ein Großbetrieb mit drei Standorten und 2000 Mitarbeitern entstand. Faxgerät, Scanner und digitaler Fotosatz sind nur drei von 131 Erfindungen, die aus Hells Werkstatt kamen und mit deren Weiterentwicklungen wir heute selbstverständlich umgehen.

Mit dem Namen des Feinmechanikers und Maschinenbautechnikers Heinrich Wöhlk (1913–91) verbindet sich eine andere Innovation aus Kiel, die sich auf das Beheben seiner eigenen Fehlsichtigkeit bezog. Schon als Kind litt Wöhlk an Weitsichtigkeit (+ 9 Dioptrien), die ihn in jeder Hinsicht einschränkte. Er experimentierte mit direkt auf dem Auge sitzenden Glasschalen, unterschiedlichen Materialien und schmerzhaften Selbstversuchen, bis er die erste harte, dann 1974 die weiche Kontaktlinse entwickelte und mit selbstgebauten Maschinen auch fertigte. Das erste Ladengeschäft in der Rathausstraße des Jahres 1949 war bald zu klein und ein Umzug in größere Räume in der neuen Andreas-Gayk-Straße war nötig.

**DIE KIELER OSTSEEHALLE**

Die für die Messen der 20er-Jahre gebaute Nord-Ostsee-Halle fiel den Bomben zum Opfer und wurde nicht wieder aufgebaut. Kiel brauchte aber dringend einen geeigneten Ort für Großveranstaltungen aller Art, als sich die Verwaltung 1951 entschloss, das Angebot, die eingelagerten Stahlteile einer alten Flugzeughalle des Seefliegergeschwaders in List auf Sylt für 80 000 DM zu kaufen und auf dem Kuhberggelände in der Innenstadt wieder aufbauen zu lassen, anzunehmen. Damit bekam Kiel die modernste Mehrzweckhalle Deutschlands mit Platz für 9000 Personen, deutschlandweit als Ostseehalle bekannt.

Die Sehnsucht nach Vergnügungen war damals groß und viele bekannte Stars der Nachkriegszeit waren zu Gast in der neuen Halle. Herbert von Karajan, Yehudi Menuhin und Wilhelm Furtwängler gehörten zu den Klassikstars. Für Letzteren mussten extra die Straßenbahn und das Glockenspiel des Rathauses angehalten werden, damit die Geräusche nicht das Klangbild störten. Louis Armstrong und Ella Fitzgerald brachten den Saal mit Jazz zum Kochen. Reitturniere mit Hans Günther Winkler und Fritz Tiedemann fanden ebenso statt wie legendäre Boxkämpfe, Sportfeste, große Fernsehshows und Parteitage mit Adenauer, Wehner und Strauß. Der ehemalige Jungstar Conny Froboess, die Schauspieler Paul Hörbiger und Marika Rökk, der Entertainer Peter Frankenfeld und der Clown Charlie Rivel hatten ihre Auftritte in der Ostseehalle und übernachteten im nahegelegenen »Flensburger Hof«. In der Folgezeit blieben die deutschen Stars der Halle treu, viele internationale Gäste kamen hinzu, wie die Rolling Stones (1976), Queen (1979), die Bee Gees (1991), Deep Purple (1993), Kiss (1999) und Whitney Houston (2000), um nur einige zu nennen.

Nach Umbaumaßnahmen zu Beginn des neuen Jahrtausends erhielt die Halle eine Erweiterung auf 13 000 Plätze und ist Heimspielstätte des international erfolgreichen Kieler Handballvereins THW (Turnverein Hassee-Winterbek) Kiel von 1904, der bis 2015 schon 20 Mal die Deutsche Meisterschaft gewonnen hat und bisher der erste und einzige Handballverein ist, der in einer Saison (2011/12 ) alle Bundesligaspiele gewonnen hat. Zurzeit ist die Halle in »Sparkassen-Arena« umbenannt, für die Kieler ist sie aber nach wie vor die Ostseehalle.

Die Kieler Ostseehalle 1954

1970 entstand das Produktionswerk in Schönkirchen, das noch im Jahr 2000 zu den modernsten Fertigungsanlagen für Austauschlinsen in Europa gehörte.

## *Aufbau der Fischindustrie*

Trotz seiner Lage an der Förde und dem Zugang zur Ostsee spielte der kommerzialisierte Fischfang in Kiels Wirtschaft bis 1945 keine nennenswerte Rolle. Einzig die Ellerbeker Fischer versorgten die Kieler mit Fisch, der täglich von den Fischerfrauen zum Verkauf ans Westufer gerudert wurde. 1909/10 war auf Drängen der Verwaltung eine Fischhalle mit großen Frischwasserbecken für Lebendfisch und kleinen Verkaufsräumen entstanden, die zu vermieten waren. Das Konzept einer Markthalle mit Schwerpunkt Fisch hatte sich aber nicht bewährt, die Nach-

**Die Fischhalle von 1909 und heutiges Schifffahrtsmuseum**

frage war zu gering. Das änderte sich erst, als aus den Ostgebieten vertriebene Fischer mit ihren Kuttern in Kiel landeten und die Versorgung der Bevölkerung mit dem lebenswichtigen Grundnahrungsmittel als Ersatz für die noch nicht wieder hergestellte Fleischversorgung sicherstellten. 1948 gründete sich die gemeinnützige Kieler Seefischmarkt GmbH, die auf einem alten Werftgelände an der Schwentinemündung schnell einen geeigneten Platz für die Fischauktionshalle, Fischverarbeitung und ein Eiswerk fand. Die Fischfangflotte war mit 17 Hochseedampfern in den Fanggebieten der Nordsee und des Nordatlantiks unterwegs, die 600 Küstenfischer kamen mit Hering, Dorsch, Lachs und Sprotten aus der Ostsee nach Hause.

Die sich entwickelnde Fischindustrie umfasste Fang, Anlandung, Verarbeitung und Handel sowie Logistik, Versand und Zulieferung für Konserven, Netze und Kühlung. 1955 hatte der Fischfang 3500 Arbeitsplätze in Kiel entstehen lassen,

**DAS GEHEIMNIS DER KIELER SPROTTE**

Die Fischart, mit der Kiel immer in Verbindung steht, ist die Kieler Sprotte, eine 10 bis 20 cm lange Heringsunterart, die in heimischen Gewässern gefangen wird. Es heißt, man könne mit ihm aus Silber Gold machen, indem der silberne Fisch, über Buchenholz geräuchert, seine goldene Farbe erhält. Wohlgeordnet, in spezielle Holzkisten verpackt, geht das Gold der Ostsee auf Reisen. Der Name »Kieler Sprotte« bezog sich dabei nur auf die in Eckernförde gefangene, geräucherte und versandfertig gemachte Ware, die den Abfertigungs-Stempel »Kieler Hauptbahnhof« als nächstgelegene Bahnstation erhielt. Allerdings wird bereits 1809 auf die Sprotte als Delikatesse an der Kieler Förde hingewiesen, weit bevor die Bahnverbindung Kiel–Altona ab 1844 entstand.

Um 1900 arbeiteten 34 Fischräuchereien in Ellerbek bei Kiel, heute besteht nur noch eine. Üblicherweise wird die Sprotte ohne Kopf, Schwanz und Mittelgräte gegessen. Dafür werden Bauch und Rücken zwischen Daumen und Zeigefinger mit etwas Geschick und Feingefühl leicht hin und her gedrückt, bis sich der Schwanz samt Mittelgräte entfernen lässt, quasi minimalinvasiv, ohne den Körper zu zerstören. Wem das zu umständlich ist, dem sei die Schokoladenvariante empfohlen. Übrigens darf sich auch jeder »Kieler Sprotte« nennen, der in Kiel geboren wurde.

und ca. 43 000 Tonnen Fisch pro Jahr wurden aus dem Meer geholt. Damit war Kiel der viertgrößte Seefischmarkt nach Hamburg, Cuxhaven und Bremen. Anfang der 70er-Jahre fand die Fischerei in Kiel aber wegen mangelnder Rentabilität, zu geringer Fangquote, Überfischung und der internationalen Konkurrenz schon wieder ihr Ende.

## *Hafen, Werften und Schiffbau*

Die Räumung des Hafens von den vielen Wracks und anderen Hindernissen sowie die Wiederherstellung der zerstörten Kaianlagen waren Ende der 50er-Jahre abgeschlossen und damit die Voraussetzung geschaffen worden, eine zivile Hafenbewirtschaftung aufzubauen. Die Aufbruchsstimmung erfasste auch die Kieler Reedereien, die in den Fernhandel nach Ostasien, Amerika, Kanada, aber auch ins Mittelmeer und nach Skandinavien strebten. Der Kieler Hafen entwickelte sich zum Umschlagplatz für Schrott, Baustoffe aller Art, Ölprodukte und Getreide, das in der größten Siloanlage Schleswig-Holsteins am Nordhafen zwischengelagert wurde und auch heute noch die Jahresproduktion aufnimmt. Ab 1961 manifestierte sich mit der Einweihung des Oslokais und der täglichen Fährverbindung zwischen Kiel und der norwegischen Hauptstadt, sechs Jahre später mit dem regelmäßigen Transit nach Göteborg sowie lange Zeit mit vielen Verbindungen in dänische Städte Kiels Ruf als Tor zum Norden.

Die Howaldtswerft war die einzige Werft, die nach 1945 nicht demontiert wurde. Sie musste sich zunächst mit Reparatur- und Umbauaufträgen über Wasser halten, bevor alle Produktionsbeschränkungen aufgehoben wurden und der Wirtschaftsaufschwung den Schiffbau neu belebte. Die griechischen Reeder Aristoteles Onassis und Stavros Niarchos, die in den 50er- und 60er-Jahren zu den reichsten und erfolgreichsten Unternehmern der Welt gehörten, waren mit Tankern, Supertankern und Privatyachten die größten Auftraggeber für die Kieler Werft, die sich u. a. auch mit Spezialschiffen wie Gastankern, Fähren, Fischtrawlern und der atomgetriebenen »Otto Hahn« empfahl. 1960 hatte die Werft wieder 13 000 Mitarbeiter, 1967 erfolgte der Zusammenschluss mit dem Standort in Hamburg und der Deutschen Werft in Finkenwerder zur »Howaldtswerke Deutsche Werft AG«.

## *Kiel wird Landeshauptstadt*

Die britische Militärregierung bestimmte mit der Verordnung vom 23. August 1946, dass Schleswig-Holstein vom Status einer Provinz in den eines selbstständigen Landes zu erheben sei, dessen provisorische Regierung zunächst im Schloss tagte. Die Briten ließen auch keinen Zweifel daran aufkommen, dass Kiel wegen seiner zentralen Lage und seiner Verwaltungserfahrung

Landeshauptstadt sein sollte (»The capital is Kiel!«). Auch für Schleswig gab es einige Argumente, es ging aber leer aus und erhielt als Ausgleich das Oberlandesgericht, die Landesmuseen und das Landesarchiv. Die alte Marineakademie am Düsternbrooker Weg wurde freigegeben, 800 000 Mark in die Renovierung investiert und im Mai 1950 tagte die Landesregierung das erste Mal unter dem Ministerpräsidenten Hermann Lüdemann in den neuen Räumen.

## Bundesmarine und Gorch Fock

Mit der Mitgliedschaft der jungen Bundesrepublik im westlichen Verteidigungsbündnis NATO ab 1955 gingen auch die Wiederbewaffnung und die Aufstellung eigener Streitkräfte einher. Kiel bot mit seinen vorhandenen Anlagen am Marinehafen beste Voraussetzung, um zum dritten Mal in seiner Geschichte zum Marinestützpunkt zu werden. Die Deutsche Bundesmarine sollte im Rahmen des Kalten Krieges die Seegrenzen

**Die ehemalige Marineakademie und heutiger Landtag von Schleswig-Holstein**

Das Segelschulschiff der Deutschen Marine „Gorch Fock"

sichern. Kiel ist zudem Heimathafen des Segelschulschiffes »Gorch Fock«, benannt nach dem Pseudonym des Marineschriftstellers Johann Wilhelm Kinau (1880–1916, »Seefahrt ist not!«), der in der Skagerrak-Schlacht des Ersten Weltkrieges fiel. Die 1958 bei Blohm & Voss in Hamburg gebaute Dreimastbark hat bis heute in über 160 Ausbildungsfahrten 700 000 Seemeilen zurückgelegt und 14 000 männlichen und weiblichen Marineoffizieren die Seefahrt in Theorie und Praxis nähergebracht. Sie gilt als Botschafterin Deutschlands und beteiligt sich an maritimen Großveranstaltungen wie zum Beispiel der Windjammerparade, die sie zur Kieler Woche anführt. Bis 1995 zierte der »weiße Schwan«, wie das Schiff wegen seiner weißen Segel auch genannt wurde, den Zehnmarkschein.

## *Kieler Woche der Völkerverständigung*

Nachdem die britische Besatzung 1946 und 1947 eine interne »Kiel week« noch ohne deutsche oder internationale Beteili-

Die Kieler Woche 2015



**DAS DEUTSCH-DÄNISCHE VERHÄLTNIS HEUTE**

1864 waren die beiden Landesteile Schleswig und Holstein dem preußischen Staat einverleibt worden und hielten den Status als preußische Provinz über 50 Jahre lang. Erst nach Ende des Ersten Weltkrieges kam es 1920 zu einer Volksabstimmung über die Zugehörigkeit im grenznahen Bereich, bei der auch die heutige Grenzziehung festgelegt wurde. Die nun nördlich davon etablierte deutsche Minderheit und die in Südschleswig angesiedelte dänische Minderheit waren in der Nazizeit Repressalien und Diskriminierungen ausgesetzt. Nach dem Zweiten Weltkrieg erfuhr vor allem die dänische Minderheit einen großen Zulauf durch die Flüchtlinge aus den Ostgebieten; dabei spielten sowohl politische als auch wirtschaftliche Gründe eine Rolle. Mit der 1955 ratifizierten Bonn-Kopenhagener Erklärung wurde der Minderheitenschutz beiderseits der deutsch-dänischen Grenze garantiert. Die Interessenvertretung der dänischen Minderheit ist der Südschleswigsche Wählerverband (SSW), der von der Fünf-Prozent-Hürde befreit und im schleswig-holsteinischen Landtag immer mit einem Sitz vertreten ist, seit 2012 sogar mit drei Sitzen. Seit der letzten Kommunalwahl 2013 vertritt der SSW auch im Kieler Rathaus die dänische Minderheit mit drei Sitzen.

gung ausgesegelt hatte, gab es 1948 gleich zwei Segelwochen: die Juniveranstaltung vom jetzt umbenannten Kieler-Yacht-Club und die Veranstaltung zu der von der Stadt organisierten Wirtschaftsmesse im September. Die Kieler Woche leistete neben den sportlichen Ereignissen gleichzeitig einen Beitrag zur Völkerverständigung. Die Zahl der ausländischen Kriegsschiffe auf Flottenbesuch, die am Tag des »open ship« von der Bevölkerung besichtigt werden konnten, stieg stetig, 1963 etwa auf 40 aus 19 Nationen mit 5000 Matrosen. Das umfangreiche Veranstaltungsprogramm, das von tausenden Kielerinnen und Kielern genutzt wurde, unterstrich den Volksfestcharakter. Wie schon zu Kaisers Zeiten nutzte man die ungezwungene Atmosphäre auch zur »kommunalen Außenpolitik«. Seit 1948 gibt es jedes Jahr ein spezielles Plakat, das der jeweiligen Kieler Woche ein unverwechselbares Design gibt und inzwischen zum Sammlerobjekt geworden ist.

## *Neuer Campus für die Universität*

Direkt nach dem Krieg konnten die verbliebenen Studenten und Professoren die britische Militärregierung davon überzeugen, den Lehrbetrieb wieder aufnehmen zu dürfen, wenn auch provisorisch. 60 Dozenten eröffneten das Wintersemester 1945/46 mit 1000 Studierenden auf vier eigens dafür umfunktionierten Wohnschiffen, bis der Umzug in die ehemaligen Werksgebäude der »Elektroacustik«, kurz »Elac«, am Westring möglich war. In unmittelbarer Nähe entstand Mitte der 60er-Jahre, passend zum 300. Jubiläum der Universität, das zu dem Zeitpunkt erste und modernste Campusgelände Deutschlands nach dem Krieg, das Vorbild für viele weitere Hochschulneubauten werden sollte. Die vorher in der Innenstadt verteilten Universitätsgebäude sollten nicht wieder aufgebaut, sondern nun stattdessen auf einem Gelände zusammengefasst werden, als kleine Stadt in der Stadt. Ein Problem war, dass es für die moderne Interpretation der Bauaufgabe bisher noch kein Vorbild gab. Die Architekten orientierten sich daher an ähnlichen Gebäudeanlagen in der Baugeschichte, die große Versammlungsräume,

## BEDEUTUNGSWANDEL FÜR DAS MARINE-EHRENMAL IN LABOE

Der Obermaat Wilhelm Lammertz schlug 1925 dem Deutschen Marinebund die Einrichtung einer Gedenkstätte für die 34 836 gefallenen Marinesoldaten des Ersten Weltkrieges vor und hatte Erfolg. Ein möglicher Ort war schnell gefunden: die Stelle des demontierten Panzerturmes in Laboe am Eingang der Kieler Förde. Die Baukosten von 700 000 Mark konnten durch Spenden und durch Beteiligung der Stadt Kiel aufgebracht werden. Der Düsseldorfer Architekt August Gustav Munzer (1887–1973) schuf als sichtbares Zeichen des Gesamtensembles einen 85 m hohen Turm, der eine Verbindung zwischen Himmel und Erde herstellen und aufsteigend wie eine Flamme sein sollte, eine unterirdische Gedenkhalle und eine als Museum genutzte historische Halle. Nach Bauverzögerungen konnte die Einweihung erst 1936 in Anwesenheit von Adolf Hitler, der die Gedenkstätte als »Kitschprodukt sondergleichen« bezeichnet haben soll, vorgenommen werden. Nach dem Krieg, den das Bauwerk weitgehend unbeschadet überstanden hatte, dachte die britische Militärregierung kurzzeitig über die Sprengung nach, entschied sich aber dagegen und erkannte in dem Ehrenmal eine Möglichkeit, Seeleute, die in Ausübung ihrer Pflicht für ihr Land starben, zu ehren. 1954 erhielt der Deutsche Marinebund die Gedenkstätte zurück. Während sich nach dem Ersten Weltkrieg die Bedeutung des Marine-Ehrenmals mit der

**Das Marineehrenmal in Laboe**

Hoffnung auf Wiederherstellung der deutschen Marineehre verband, galt nach dem Zweiten Weltkrieg das Gedenken allen auf See gefallenen Soldaten, auch der Gegner und dem Schicksal der Flüchtlinge über die Ostsee. Heute werden zusätzlich auch die Opfer der zivilen Seefahrt aller Nationen geehrt und es wird eine friedliche Seefahrt auf freien Meeren angemahnt. Die jährlich 400 000 Besucher und die bis zu 100 Kränze, die in der Gedenkhalle niedergelegt werden, legen Zeugnis von der Notwendigkeit für einen Ort des Gedenkens und der Trauer ab.

Lese- und Speisesäle, eine Kirche sowie eine Bibliothek vorsahen, und wurden in der Klosterarchitektur fündig.

Das Studentenhaus mit Mensa ist als Atrium angelegt und öffnet sich zum Innenhof, einem Kreuzgang nicht ganz unähnlich. Nebenan nimmt der alleinstehende Sechseckbau der Studiobühne die Form der Taufkapellen der Renaissance auf. Die Universitätsbibliothek am Westring sorgt ebenfalls mit ihrem begrünten Innenhöfen und der nach außen fensterlosen Fassade dafür, dass Ruhe und Konzentration vom Treiben draußen nicht gestört werden. Das als Solitär konzipierte Auditorium Maximum, das große Hörsaalgebäude, ist einer traditionellen Aula nachempfunden. Das Verwaltungshochhaus mit seinen 15 Etagen ist das weithin sichtbare Zeichen moderner Architektur und wird in Anlehnung an die blaue Farbe und in Erinnerung an den Hochschulgründer als »Blauer Christian« bezeichnet. Der ungewöhnliche Dreieckbau der Universitätskirche, von den Studenten liebevoll »Seelenabschussrampe« genannt, schafft mit seiner bunten Glasfassade eine ganz eigene Atmosphäre.

Das Campus Ensemble hat in den letzten 50 Jahren durch Erweiterungen, Umbauten und Anpassungen viel von seinem ursprünglichen Charakter eingebüßt. Die Universität verlor ihren Platz im Zentrum Kiels, besaß aber damit Entwicklungspotential in die Fläche hinein. Kiel hatte nun zwar eine zukunftsweisende moderne Architektur für die Hochschule, der sie umwehende Geist traditioneller Strukturen und rückwärtsgewandten konservativen Denkens seitens des Lehrkörpers passte aber nicht so recht dazu.

## *Die 68er-Schüler- und -Studentenproteste*

Die in der zweiten Hälfte der 60er-Jahre aufkommenden Studentenunruhen zu internationalen Ereignissen wie dem Vietnamkrieg, dem Einmarsch der Warschauer Truppen in Prag oder der Ermordung Martin Luther Kings 1968 führten in Kiel ebenso zu Protestwellen wie nationale Auslöser, beispielsweise die Ermordung Benno Ohnesorgs 1967 oder das Attentat auf Rudi Dutschke in Westberlin 1968. So liefen die Studenten sowohl gegen das neue, 1967 beschlossene Hochschulgesetz Sturm, das ihre Freiheiten einschränkte und das ohne Diskussion und ohne gehört zu werden über ihre Köpfe hinweg eingeführt wurde, als auch gegen die Bonner Notstandsgesetze von 1968. Sie protestierten für mehr Mitbestimmung bei Entscheidungsprozessen, für eine Auseinandersetzung mit der Nazivergangenheit sowie für zeitgemäße Lehr- und Lernmethoden. Gleichzeitig wandten sie sich gegen schlechte Studienbedingungen, chronische Unterfinanzierung der Lehre und überkommene Verhaltensstrukturen. Der Einzug von vier Abgeordneten der 1964 gegründeten NPD in den Kieler Landtag 1967 sorgte für eine Eskalation, die sich im Verteilen von Flugblättern, Demonstrationen, passivem Widerstand wie Sitzblockaden (sit-ins) oder Massenstürmungen von Vorlesungen und Seminaren (go-ins) äußerten. Gelegentlich kam es zu tätlichen Angriffen auf die Professoren, die für Mitbestimmung und Diskussionen keine Notwendigkeit sahen.

Auch die Schüler wehrten sich gegen Lehrer, die dem Prinzip der Obrigkeitshörigkeit aus Nazi-Tagen anhingen, und forderten eine Schul- und Lehrreform mit neuen Unterrichtsfächern wie Sexualkunde und Politologie, mit der Bearbeitung auch zeitgenössischer Literatur im Deutschunterricht und dem Einbeziehen der Nazizeit in den Geschichtsunterricht. Mit der Erhöhung der Fahrpreise für den Kieler Nahverkehr zum 1. Januar 1968, von der auch die Schüler und Auszubildenden erheblich betroffen waren, kam es zu einer Solidarisierung mit den Studenten; dies führte in der Folge zu einer Reihe von Protestkundgebungen. Auf dem bis dahin größten Protestmarsch der Nachkriegsgeschichte in Kiel am 31. Januar 1968 mit 1500 Demonstranten wurde die Aufforderung zum Gespräch von den Entscheidungsträgern mit dem Hinweis auf Nichtzuständigkeit abgelehnt, was zur Besetzung der Straßenbahngleise auf dem Berliner Platz in der Innenstadt führte und Ausschreitungen mit einem Gesamtschaden von 10 000 Mark zur Folge hatte. Statt mit der Einsicht zur Deeskalation, Verständnis und der Gesprächsbereitschaft antwortete die Politik mit einer bis dahin beispiellosen Verstärkung des Polizeiaufgebots, dem Einsatz von Wasserwerfern, Tränengas und der Androhung, von Schusswaffen Gebrauch zu machen. Die Polizei sollte die verfassungsmäßige Ordnung schützen und ging mit unverhältnismäßiger Härte gegen die meist langhaarigen, renitenten Demonstranten vor. 153 Studenten und Schüler, einige noch minderjährig, wurden verhaftet, viele durch den Einsatz von Schlagstöcken verletzt. Die zunächst friedlichen Proteste gegen den Bildungsnotstand, gegen hohe Fahrpreise und die fehlende Auseinandersetzung mit der Nazivergangenheit gerieten außer Kontrolle. Das Polizeirevier in der Falckstraße war immer wieder Ziel von Protesten, nachdem Misshandlungen bekannt geworden waren. Einige Kieler Demonstranten radikalisierten sich später und schlossen sich der Roten-Armee-Fraktion (RAF) an. Beide Konfliktparteien standen sich unversöhnlich gegenüber.

Erst im Laufe der Zeit entwickelte sich aus dieser eskalierenden Konfrontation eine Protestkultur, mit der beide Seiten umgehen konnten und die heute Ausdruck politischer Willensbildung ist. Die 68er-Bewegung brachte dabei nicht nur Proteste, sondern auch die ersten »Kinderläden« ( selbstverwaltete Kindergärten) und Sexualberatungsstellen sowie den Mensafunk hervor, der in der Mittagszeit die Studenten mit politischen Informationen und Musik versorgte.

# Von den 1970er-Jahren bis heute

## 1972: Die zweite Segelolympiade

Trotz starker Konkurrenz von Lübeck-Travemünde entschied das Nationale Olympische Komitee 1967, dass Kiel während der olympischen Sommerspiele in München zum zweiten Mal Gastgeber der Segelwettbewerbe sein durfte. Mit dem Ausbau des alten Yacht- und Fischereihafens empfahl sich Kiel-Schilksee, das um 1900 als Strandbad für gestresste Städter bekannt war und erst 1959 als Stadtteil Kiels eingemeindet worden war, schon vorab als Austragungsort. Auf den neuen Sportboothafen mit 900 Liegeplätzen folgte der Ausbau des Hafenvorfeldes: ein Hotelturm mit 500 Betten, Unterkünfte für die Sportler und Funktionäre, ein Pressezentrum sowie Parkplätze und Infrastruktur. Der der Steilküste nachempfundene Appartementkomplex mit 400 Wohnungen, die nach den Spielen verkauft werden sollten, war in der Nutzung gestaffelt: unten die Bootshallen und Werkstätten, darüber die Zuschauerterrasse und Geschäfte, oben die Unterkünfte.

Am 27. August 1972 begannen die Segelwettbewerbe für 700 Aktive aus 40 Nationen mit dem Entfachen des olympischen Feuers. Deutschland holte zwei Medaillen, eine davon gewann die Segellegende Willi Kuhweide. Das Feuer sollte auch in der Innenstadt für olympischen Geist sorgen, und zwar in der dafür vorgesehenen Glasstele auf dem Rathausplatz, in der die Flamme heute noch während aller Olympiaden und zur Kieler Woche entzündet wird. Der terroristische Angriff auf die israelische Mannschaft in München lastete auch schwer auf den Kieler Wettbewerben, die Unbeschwertheit war verflogen. Trotzdem versuchte man die Veranstaltung mit Würde über die Bühne zu bringen. Ein Höhepunkt war sicherlich die große Windjammerparade der 80 Traditionssegler, die bei leichter Brise in voller Besegelung den Leuchtturm Friedrichsort passierten; ein unvergessener

**Luftaufnahme der Kieler Altstadt und dem Ostufer von Kiel von 1970**

Moment für die hunderttausend Schaulustigen entlang der Förde und auf dem Wasser.

Der damalige Oberbürgermeister Günter Bantzer (geb. 1921) sah in der Ausrichtung der Segelolympiade eine große Chance für die Entwicklung der Stadt, die ohne Kostenbeteiligung von Bund und Land viel länger gedauert hätte und deren Spuren heute noch gegenwärtig sind. Die innerstädtischen Platzanlagen Alter Markt mit den Pavillonbauten und Rathausplatz wurden umgestaltet, die Kiellinie mit dem neuen Institut für Meereskunde, dem Aquarium und dem Seehundbecken als Flaniermeile wurde aufgewertet, eine zweite Brücke über den Kanal bei Holtenau gebaut (Olympia-Brücke), der Zentrale Omnibusbahnhof (ZOB) eingerichtet, und nicht zuletzt erhielt Kiel als letzte Landeshauptstadt in Deutschland endlich die langersehnte Autobahnanbindung. Die Sportanlagen und Infrastruktur in Schilksee werden heute jährlich für die Kieler Woche genutzt und beherbergen das Bundesleistungszentrum fürs Segeln.

Natürlich sollten der Presse alle wichtigen Kommunikationswege zur Verfügung stehen. So wurde von den Organisatoren der Einsatz des Computers angepriesen, jedoch mit dem Hinweis, dass zu viele Fragen an den Apparat eine schnippische Antwort provozieren könnten. Eigens für die Presse waren 26 Begleitboote im Einsatz. Die noch auf dem Regattafeld erstellten Texte sowie Foto- und Filmmaterial wurden von Kurierbooten zur Weiterbearbeitung an Land gebracht. Nicht jeder Journalist fühlte sich auf dem Wasser wohl, die kostenlose Abgabe von Medikamenten gegen Seekrankheit gehörte daher zum Service. Stolz war man auf die 30 Telefonleitungen, die gleichzeitig zu nutzen waren, die Ausstattung der Appartements und des Großraumbüros mit Schreibmaschinen sowie auf die 18 Fotolabore für die Entwicklung der Bilder. 40 Jahre später verursacht diese Beschreibung ein Schmunzeln, heute ist die Welt mit Laptop, Smartphone und Tablet vernetzt.

## *Die nördlichste Gondelbahn Deutschlands*

Kiel hatte zwischen 1974 und 1988 eine besondere touristische Attraktion zu bieten: die wohl zu dem Zeitpunkt einzige innerstädtische Gondelbahn weltweit. Die beiden Gondeln »Kiel« und »München«, inspiriert durch die Olympiade 1972, verbanden ein Parkhaus mit dem Kaufhaus »Weipert« in der Holstenstraße. In 70 Sekunden konnten 15 Personen pro Gondel in 18 m Höhe über den Bootshafen schweben und sich an ihren letzten Urlaub in den Bergen erinnern. An manchen Tagen war die Schlange der Wartenden bis zu 50 m lang, nur um gratis die 147 m lange Strecke zu überwinden. Aus wirtschaftlichen Gründen wurde die Gondelbahn 1988 eingestellt und 1991 ganz abgebaut. Bis dahin hatte sie drei Millionen Gäste transportiert und war für kurze Zeit das Wahrzeichen von Kiel gewesen.

Bereits zwischen 1909 und 1923 hatte der Kieler Hafen mit einer Besonderheit aufwarten können: Eine Schwebefähre nur für den Werftbetrieb, die an einer 57 m hohen Brückenkonstruktion hing, konnte immerhin zwei Eisenbahnwaggons gleichzeitig transportieren. Die Brücke überspannte ein 118 m breites Hafenbecken und ließ Platz für die Durchfahrt der Kriegsschiffe samt Aufbauten.

Die nördlichste Gondelbahn Deutschlands zwischen Parkhaus und Kaufhaus „Weipert", im Hintergrund der Rathausturm, 1974

**WAS HAT SALVADOR DALÍ MIT KIEL ZU TUN?**
Zur Olympiade wurde eine große Sonderausstellung zum Thema »Mensch und Meer« konzipiert, die die Chancen der Ressource Meer für den Menschen thematisierte. Mit Plakaten sollte in der Stadt auf die Ausstellung aufmerksam gemacht werden. Aufgrund der persönlichen Kontakte des Kurators konnte der bekannte surrealistische Allroundkünstler Salvador Dalí (1904–89), der mit allerlei Extravaganzen von sich reden machte, für diese Aufgabe gewonnen werden. Der erste Entwurf entsprach so gar nicht den Vorstellungen der Kieler Verwaltung, man vermisste den Bezug zur Seefahrt, zum Schiffbau und Segelsport und bat um Nachbesserung. Dalí lieferte und setzte die holländische Hansekogge »Zeelandia« von 1662 mitten ins Bild, allerdings mit einer Segelstellung, die das Schiff keinen Millimeter voranbringen würde. Mit der Bitte um eine zweite Nachbesserung wollte man das Enfant terrible der internationalen Kunstszene keineswegs verärgern, und so nahm man den Entwurf an. Ob aus ästhetischen, skandalträchtigen oder inhaltlichen Gründen, das Plakat fand reißenden Absatz. Das Original hängt heute im Kieler Ratssaal.

## *Wohin mit all dem Schnee?*

Ein besonderes Ereignis in der Geschichte der Stadt sind die Wetterkapriolen in den 70er-Jahren. Orkane, Wirbelstürme und Überschwemmungen waren nur die Vorboten für das, was sich über den Jahreswechsel 1978/79 zusammenbraute. Eine besondere Wetterkonstellation ließ das Thermometer innerhalb kürzester Zeit um 20 Grad fallen und das Land in einem mehrere Tage andauernden Schneesturm versinken. In den meterhohen Schneewehen blieben Autos und Züge stecken, der Strom fiel aus, Dörfer waren von der Außenwelt abgeschnitten. Der Nahverkehr hatte seinen Betrieb eingestellt, die Autos am Straßenrand waren nur noch zu erahnen. Das Hochwasser stand in der Stadt knöcheltief und gefror, Skier oder Schlitten waren die einzigen sinnvollen Fortbewegungsmittel. Nur zu kaufen gab es nicht mehr viel, denn die

**Menschen auf der zugefrorenen Ostsee bei Schilksee im Eiswinter 1978/79**

Geschäfte bekamen keinen Nachschub. 80 Schiffe lagen in der zugefrorenen Förde fest, auch der Kanal war gesperrt und die angeforderten Eisbrecher kamen kaum von der Stelle. Der Sturm drückte die 2 m dicken Eisschollen zu bizarren Gebilden zusammen. Als sich das Wetter wieder beruhigt hatte, lockte ein sonniges, aber eiskaltes Winterwetter viele Schaulustige an die Förde. Wahre Völkerwanderungen setzten sich in Bewegung, um die einmalige Chance zu nutzen, auf dem Eis der Ostsee bis zur Fahrrinne vorzudringen – ein nicht ganz ungefährliches Unterfangen. Als Autofahren wieder möglich war, wurden die Schneemassen auf LKW verladen und ins Meer gekippt. Es brauchte einige Jahre, bis die Schäden in Millionenhöhe behoben waren.

## *Die letzte Straßenbahn 1985*

Der öffentliche Nahverkehr begann in Kiel mit der Einführung der Pferdekutschenbahn 1881, die zunächst nur eingleisig, ab 1907 auch zweigleisig die Kieler für 10 bis 20 Pfennige von A nach B transportierte. Ab 1896 gelang die Umstellung auf elektrischen Antrieb. Das Streckennetz erweiterte sich stetig, je mehr Ortsteile und Einwohner hinzukamen. 1910 waren es schon 40 km, die mit zehn Linien bedient wurden. Die bis in die 60er-Jahre genutzten Oberleitungsbusse ersetzten die Bahnen, deren zum großen Teil im Krieg zerstörtes Schienennetz nicht wieder aufgebaut wurde.

Mit dem Ausbau des Individualverkehrs in den 50er-Jahren konnte die Straßenbahn nicht mehr kostendeckend betrieben werden, trotz erheblicher Investitionen in den Fuhrpark. So gehörte Kiel zu den Städten, die schon 1952 die Bahnen ohne Schaffner, aber dafür mit elektrischer Fahrkartenentwertung ausstatteten. Im Generalverkehrsplan von 1977 war dennoch das Ende der Kieler Straßenbahn festgeschrieben, deren Dienst von Gelenkbussen übernommen wurde. Am 4. Mai 1985 fuhr die letzte Straßenbahn der Linie vier, die den Kanal über die Hörn mit der Schwentinemündung verband, ins Depot, am Straßenrand von den Kielern verabschiedet. Heute sind fast alle Schienen aus dem Straßenbelag verschwunden. Im Zuge der aktuellen Diskussion um Nachhaltigkeit und Umweltschutz wurde kurzzeitig über die Einführung einer neuen Stadtregionalbahn nachgedacht; die Pläne dazu hat man inzwischen aber wieder verworfen.

## *Von der Hausbesetzung zum Einkaufstempel*

Zu einem Gebäudeensemble der Jahrhundertwendezeit gehörten die historischen Jugendstilgebäude am Sophienblatt in der Innenstadt, die nach dem Krieg nur notdürftig wieder instand gesetzt wurden und deren Abriss im Flächennutzungsplan längst beschlossen war. Die Stadt hatte aber so viele Häuser und damit sein historisches Gesicht verloren, dass vor allem die Kieler Studenten, die dort eine günstige Bleibe gefunden hatten, für den Erhalt der Gebäude kämpften. Es entwickelte sich eine kleine, aber dennoch kraftvolle Hausbesetzerszene nach dem Vorbild Hamburgs und Berlins. Mit einem großen Polizeiaufgebot wurden die Gebäude 1983 endgültig geräumt und abgerissen, um Platz zu schaffen für das 100-Millionen-Projekt der überdachten Einkaufspassage »Sophienhof« inklusive Parkhaus, Wohnungen, Ärztehaus und Kulturzentrum. Seit der Eröffnung am 3. März 1988 gab es immer wieder Veränderungen und Anpassungen an den Zeitgeschmack, zuletzt 2013, um vor allem auch den skandinavischen Tagesgästen Neues bieten zu können. An die alten Gebäude erinnern heute nur noch der Name und zwei gerettete Fabelfiguren, die als Spolien einen neuen Platz an der Fassade erhalten haben.

## Die Politik wird weiblich

Kiel schrieb auch in einer anderen Hinsicht Geschichte, bot die Stadt doch offenbar beste Voraussetzungen für Frauen, sich auch auf dem Feld der Politik zu profilieren. Ida Hinz (1904–86), SPD-Mitglied seit frühester Jugend, sah ihre Aufgabe in der tatkräftigen Unterstützung des Wiederaufbaus ihrer Heimatstadt Kiel. Aufgrund ihres sozialen und kommunalpolitischen Interesses wurde sie 1946 bis 1974 Mitglied der Ratsversammlung und Dezernentin für den Wohnungsbau. 1970 wurde Ida Hinz einstimmig zur ersten Stadtpräsidentin Kiels gewählt. Sie war damit die erste Frau, die in Deutschland ein solches Amt bekleidete.

Die 1943 geborene Heide Simonis verdiente sich zunächst Respekt als Finanzministerin einer SPD-Regierung des Landes Schleswig-Holstein, bis sie 1993 als erste Frau zur Ministerpräsidentin eines deutschen Bundeslandes gewählt wurde. Bei ihrer Wiederwahl im Jahr 2005 versagte ihr ein Abgeordneter bei vier Wahlgängen die dringend benötigte Stimme, sodass Heide Simonis dem CDU-Kandidaten Peter Harry Carstensen den Vortritt lassen musste. Dieser Vorgang ging als »Heide-Mord« in die Annalen des Landes ein.

Und noch ein wichtiges politisches Amt wurde zum ersten Mal in Kiel von einer Frau besetzt: Die in der Regel SPD-regierte Stadt bekam 2003 zum ersten Mal eine Regierungskoalition aus CDU und Grünen und zum ersten Mal eine weibliche Verwaltungsspitze. Angelika Volquartz (geb. 1946) amtierte bis

2009 als Oberbürgermeisterin im Kieler Rathaus, bevor sie ihr Amt an ihren Nachfolger Torsten Albig (SPD) abgab, der mittlerweile Ministerpräsident von Schleswig-Holstein ist.

## Der neue Ostuferhafen

Nach Öffnung der Mauer 1989 war jetzt auch der Weg frei für Fähren in die östliche Ostsee. Kiel erkannte seine Chance und baute den Ostuferhafen mit seinen Lagerflächen, Kaianlagen und dem Eisenbahnanschluss zum Umschlagplatz für Holz, Pappe und Papier aus. Seit 1991 gibt es einen Linienverkehr nach St. Petersburg, 1992 folgten Klaipėda, Riga und Tallin, ein Jahr später Königsberg. Auch Passagiere können diesen Transit nutzen.

HINTERGRUND

**MIT BUTTER AUF HOHER SEE**

Bis in die 90er-Jahre hinein waren die Butterfahrten an den deutschen Küsten eine beliebte Freizeitbeschäftigung für Einheimische und Gäste, die zum Teil von weit her zu den so genannten Butterschiffen gefahren wurden. Es entwickelte sich ein wahrer Boom für den zollfreien Einkauf auf hoher See, vor allem Spirituosen, Parfüm, Süßwaren und Butter fanden reißenden Absatz, deren Einfuhr natürlich streng nach Zollvorschrift kontrolliert wurde. Von Kiel aus ging es auf die dänische Insel Langeland oder nach Korsør. Die Schiffe mussten lediglich das deutsche Hoheitsgebiet verlassen, legten symbolisch im dänischen Hafen an, um dann sofort wieder den Rückweg anzutreten. Ein Landgang war nicht vorgesehen. Dafür hatten die Butterfahrer eine schöne Zeit auf dem Meer, spielten Karten, bestaunten Schiffe oder schwangen das Tanzbein. Im Zuge des Schengener Abkommens wurden die Butterfahrten 1999 europaweit verboten.

## Neue Fährterminals und Klappbrücke

Stetiges Wachstum der Fährlinien nach Schweden und Norwegen machte eine Vergrößerung der Fährkapazität notwendig. Für die beiden Fähren, die im täglichen Wechsel Fracht und

**Die Drei-Feld-Zug-Klapp-Brücke über die Förde**

Passagiere nach Göteborg transportieren, wurde 1992 der Bollhörnkai in der Innenförde ausgebaut. 2010 eröffnete die Schwedische Reederei Stena-Line mit Erweiterung der Hafenanlage und der Indienststellung der längsten Fähre der Welt auch das neue Terminalgebäude, das, einem schräggestellten Schiffsschornstein nachempfunden, auch architektonisch ein Hingucker ist.

1997 wurde für die beiden Fähren nach Oslo, »Kronprins Harald« und »Princess Ragnhild«, ein neues Terminalgebäude auf dem Ostufer eingeweiht, dessen lange Glasfront ebenfalls ein architektonisches Highlight ist. Waren mit den alten Fähren schon 600 000 Gäste jährlich auf der Norwegenroute unterwegs, steigerte sich die Zahl mit der neuen Fährgeneration zu Beginn des neuen Jahrtausends auf über 1 Million. Die beiden Kreuzfahrt-Fähren »Color Fantasy« (2004) und »Color Magic« (2007), die täglich bis zu 2700 Passagiere sowie 660 Autos und LKW transportieren können, verbinden alle Annehmlichkeiten eines Kreuzfahrtschiffes mit der Pünktlichkeit einer Fähre.

Um den Passagieren eine fußläufige schnelle Verbindung zwischen Bahnhof und Terminal zu ermöglichen, setzte die Stadt Kiel ein Brückenprojekt um, das zu dem Zeitpunkt einmalig war und heute zu einem Wahrzeichen für die Fördestadt geworden ist. Die Dreifeld-Zug-Klappbrücke für Fußgänger und Fahrradfahrer ist dreigeteilt und lässt sich, was mehrfach am Tag geschieht, ziehharmonikaartig zusammenklappen, um Platz für die Fördefähren zu schaffen, die ihren Liegeplatz in der Hörn haben, dem südlichsten Zipfel der Förde. Auch in den neu geschaffenen Germaniahafen – der Name bezieht sich auf den ehemaligen Werftstandort – können so Schiffe fahren. Die Brücke verkürzt nicht nur den Weg aufs Ostufer, sondern soll auch die Kai-City, das neu zu entwickelnde Quartier auf der alten Industriebrache der Germaniawerft, anbinden, das in Ansätzen inzwischen schon vorhanden ist. Viele skandinavische Touristen nutzen den Fährverkehr nach Kiel, um hier günstig einzukaufen.

## *Kiel als Kreuzfahrthafen*

Ende der 90er-Jahre kam auf die Kieler Hafenwirtschaft eine neue Aufgabe zu: die Abfertigung von Kreuzfahrtschiffen, die die Ostsee immer mehr als lohnendes Ziel entdeckten. Wurden zunächst nur die vorhandenen Kaianlagen genutzt und nur kleinere Schiffe zum Sondieren der Marktlage nach Kiel geschickt, hat sich das Kreuzfahrtgeschäft heute zu einem wichtigen Wirtschaftszweig für die Stadt entwickelt, mit Auswirkungen auf Arbeitsplätze, Übernachtungszahlen und Umsätze. Mit dem Ausbau des alten Oslokais 2007 zum modernen Kreuzfahrtterminal »Ostseekai« und den heute insgesamt vier Liegeplätzen an der Förde haben 354 000 Passagiere bei 127 Anläufen im Jahr 2014 eine Kreuzfahrt von hier aus gestartet. Kiels Alleinstellungsmerkmal als wetterunabhängiger Hafen der kurzen Wege, mit Liegeplätzen direkt in der Stadt, einer komfortablen Wassertiefe auch für große Schiffe und guter Anbindung ist ausschlaggebend dafür, dass immer größere Schiffe abgefertigt werden. Dazu passt die Ankündigung einer Reederei, Kiel im Jahr 2020 mit einem Megaliner für 7000 Menschen anlaufen zu wollen.

## *Neue Aufgaben für die Marine*

Die Marine musste sich nach der Wiedervereinigung und dem Ende des Kalten Krieges, den Terroranschlägen von 2001 und der Abschaffung der Wehrpflicht immer wieder neu ausrichten. Die Zeit zwischen 1990 und 2010 war geprägt von Truppenverkleinerungen, Reformen und Umstrukturierungen, die auch den Stützpunkt in Kiel in erheblichem Maße erfassten. Auch die Auflösung des Standortes wurde kurzzeitig diskutiert. Die Aufgaben der Bundesmarine, die seit 1990 Deutsche Marine heißt, haben sich von der Landesverteidigung und Seegrenzsicherung hin zur globalen Friedenssicherung entwickelt, unter enger Einbindung in die NATO-Kommandostruktur. So sind deutsche Marineschiffe u. a. im Mittelmeer zum Schutz der internationalen Seewege und zur Rettung von Flüchtlingen sowie am Horn von Afrika zur Bekämpfung der Piraterie im Einsatz. Seit 2006 hat die Einsatzflottille 1 mit den Minenjägern ihren Sitz in Kiel, von wo aus auch die dazugehörigen Schnellboote in Rostock-Warnemünde und die U-Boote in Eckernförde koordiniert werden.

Der Bedeutungswandel der Marine für die Stadt Kiel wird anhand von einigen Zahlen deutlich: Während im Jahre 1911 ca. 30 000 Soldaten und zivile Mitarbeiter auf dem Stützpunkt tätig waren, sind es heute (2015) 3800, davon noch 1650 Marinesoldaten. Zukünftig wird eine Truppenstärke von 3320 angestrebt, wobei der Stellenabbau zulasten der zivilen Arbeitsplätze geht. Auch wenn die Marine längst nicht mehr eine so große Bedeutung wie in früherer Zeit für Kiel hat, so wird sie aber auch weiterhin für die Stadt erhalten bleiben, denn bis 2020 sollen 115 Mio. Euro in die Instandsetzung und Erweiterung des Standortes fließen.

## *Werft im Wandel*

Auf die goldenen Zeiten der Wiederaufbauzeit folgte in den 70er-Jahren ein schmerzlicher Strukturwandel für die Kieler Howaldtswerft, die als einzige der drei großen Werften nach dem Zweiten Weltkrieg übrig geblieben war. Die immer stärker werdende Konkurrenz aus Fernost, die Ölkrise und Schiffsüberkapazitäten sorgten für Arbeitsplatzabbau, Firmenfusionen und Neuorientierung auf Spezialschiffbau. Zurzeit versucht man, international mit Militäraufträgen (Korvetten) und mit der seit 1986 in Kiel entwickelten Brennstoffzellentechnik für U-Boote zukunftsfähig zu bleiben. Die Entscheidung für diesen neuen Antrieb erwies sich für die Werft als richtig, erkämpfte sie sich doch eine weltweite Marktführerschaft und erhält heute Aufträge aus der ganzen Welt.

Auch private und gut betuchte Auftraggeber lassen gerne in Kiel fertigen und sorgen so für die Standortsicherung. In Kiel entsteht gerade die größte Segelyacht der Welt, die 140 m lange »White Pearl«, deren Masten alleine 100 m hoch sind. Auch die Deutsche Marine gehört wieder zu den Auftraggebern und trägt mit dazu bei, dass die Werftarbeitsplätze in Kiel langfristig gesichert sind. Von den einstmals 13 000 Arbeitsplätzen in den 60er-Jahren sind heute noch knapp 3000 übrig geblieben. Seit 1959 änderten sich vielfach die Besitz- und Namensverhältnisse, allein seit 1990 fünfmal, immer sichtbar angebracht am großen Portalkran auf dem Werftgelände. 2015 erhielt die Kieler Traditionswerft ihren vorerst letzten Namen: »German Naval Yards«.

## *Die Lindenau-Werft – In sechs Wochen war alles vorbei*

Wie nah Freud und Leid im schwierigen Bereich des Schiffbaus beisammen liegen, verbindet sich mit dem Namen »Lindenau«. Der Schiffbauingenieur Paul Lindenau (1882–1955) gründete 1919 in Memel eine prosperierende Schiffswerft, Maschinenfabrik und Gießerei. Als 1944/45 die russischen Truppen immer weiter vorrückten, musste Lindenau die Werft aufgeben und mit der Belegschaft fliehen. Das große 2600 t schwere Schwimmdock wurde nach Gotenhafen (heute Gdynia/Gdingen) verlegt, wo es bei den Angriffen sank, das kleinere, 1600 t schwere Dock gelangte als Beutegut der Alliierten nach Lübeck, wo es Lindenau mit einer Rumpfbelegschaft wieder flottmachte und erste kleinere Reparaturarbeiten ausführte. Der Kieler Oberbürgermeister Andreas Gayk sorgte dafür, dass die neue Lindenau-Werft in Friedrichsort an der Kieler Förde einen neuen Standort bekam. Der erste Neubau lief 1952 vom Stapel, weitere 225 Neubauten vom RoRo-Schiff bis zur Ölplattform sollten bis 2008 folgen. Die Werft hatte sich einen Namen mit der Entwicklung und dem Bau von Doppelhüllentankern gemacht und sich damit gegen die Konkurrenz aus Fernost durchgesetzt. Da die Schiffe auf dem Helling, also an Land, gebaut wurden, konnte man den Fortgang der Arbeiten mit dem Wachsen des roten Wulstbugs von der Straße aus beobachten. Zudem war jeder Stapellauf auf der Lindenau-Werft ein Ereignis, das man an Bord von Begleitschiffen erleben konnte; die Karten waren heiß begehrt.

War noch das Jahr 2007 das beste in der Firmengeschichte, die Werft schuldenfrei, die Arbeit für die 350 Mitarbeiter gesichert, so führte die Wirtschafts- und Finanzkrise 2008 innerhalb von nur sechs Wochen zu Liquiditätsproblemen, in deren Folge die Werft in die Insolvenz ging. 2013 wurde sie mit ihren verbliebenen 30 Mitarbeitern Teil eines größeren Werftenverbundes.

## *Wissenschaft und Forschung*

In den 70er- und 80er-Jahren drängten die geburtenstarken Jahrgänge an die Kieler Hochschule, die mit bis zu 15 000 Studierenden zur Massenuniversität wurde. Der Campus erweiterte sich in die Fläche. Es entstanden 1972 die neuen Fakultäten-Blöcke, eine zweite Mensa und 1976 das Sportforum. Mit alleine 5000 Erstsemestern im WS 2014/15 und damit insgesamt 25 000 Studierenden hat die Kieler Universität ihre Kapazitätsgrenze heutzutage erreicht. Die Konkurrenz um finanzielle Mittel und Ausstattung erfordert die Konzentration auf Forschungsschwerpunkte, sogenannte Exzellenzcluster. Die Themen »Ozean der Zukunft«, »Nano- und Oberflächenforschung«, »Gesellschaft, Umwelt, Kultur im Wandel« und die Erforschung von Entzündungsprozessen sollen die Christian-Albrechts-Universität zukunftssicher machen, die 2015 ihr 350. Jubiläum mit einem ganzen Festjahr feierte.

Weltweit einen guten Ruf hat sich auch das frühere Institut für Meereskunde in Kiel erworben. Das Interesse an den Zusammenhängen im Meer bestand schon seit den Anfängen der Universität, quasi vor der Haustür. Der 1697 als Professor für Mathematik und Jurisprudenz an die Kieler Universität berufene Samuel Reyher (1635–1714) hat hier die ältesten Wetteraufzeichnungen Deutschlands niedergeschrieben sowie maritime Daten zum Salzgehalt des Meeres erhoben und eine genaue Vermessung des Kieler Hafens bis zur Schwentinemündung vorgenommen. Der Physiologe und Meeresbiologe Victor Hensen (1835–1924) prägte den Begriff des »Planktons« für frei im Meer schwebende Organismen, die er auf verschiedenen Expeditionen sammelte und untersuchte. Er war auch Direktor der seit 1870 gegründeten Königlich-Preußischen Kommission zur Erforschung der deutschen Meere, kurz » Kieler Kommission«. Der Leiter des Zoologischen Instituts in Kiel, Karl Möbius (1825–1908), entwickelte den Begriff der »Biozönose« für marine Lebensgemeinschaften von Pflanzen und Tieren.

1898/99 startete der Forschungsdampfer »Valdivia« zur ersten Tiefsee-Expedition, auf die noch viele weitere folgen sollten und deren Ergebnisse maßgeblich für unser Verständnis von marinen Zusammenhängen, Meeresbodenvermessungen und der Tiefsee beitrugen. Nach der Atlantik-Expedition 1925/26 konnte mithilfe des ab 1912 in Kiel entwickelten Echolots ebenfalls die erste detaillierte Tiefenkarte des Atlantischen Ozeans erstellt werden.

Die Gründung des Instituts für Meereskunde gelang 1937. Es hatte seinen Sitz auf dem Ostufer in der Villa des ehemaligen Direktors des Instituts für Internationales Recht, Theodor Niemeyer, in Kitzeberg. Mit der Indienststellung des neuen Forschungsschiffes »Meteor« 1964/65 und der Teilnahme an der Expedition in den Indischen Ozean konnte sich die Kieler Meeresforschung auch international wieder einen Namen machen. 1972 folgte der Umzug in den Neubau an der Kiellinie mit der touristischen Attraktion des Seehundbeckens und Aquariums.

Seit 2012 führt die Kieler Meereskunde mit 900 Mitarbeitern zusammen mit dem neuen Forschungszweig der Marinen Geowissenschaften (GEOMAR) unter den Namen »Geomar Helmholtz-Zentrum für Ozeanforschung« in enger Kooperation mit der Kieler Universität und mit internationaler Vernetzung die Forschungen weiter.

Die Gebäude des Seefischmarktes werden bis 2019 zu einem wissenschaftlichen und technischen Forschungs- und Technologiezentrum ausgebaut. Der Neubau soll ein äußeres Zeichen für einen innovativen Standort und ein Leuchtturm der Meereswissenschaften werden. Die in Kiel bereits heute konzipierten Unterwasserroboter und Forschungsboote, darunter Deutschlands einziges bemanntes Forschungstauchboot »Jago«, werden in der ganzen Welt geschätzt und genutzt.

## *Das größte Segelereignis der Welt*

Jedes Jahr, in der letzten ganzen Woche im Juni, ist Kiel im Ausnahmezustand, wenn hier das inzwischen größte Segelereignis der Welt stattfindet. Bei der Kieler Woche, die eigentlich zehn Tage dauert, segeln bis zu 5000 Segler aus aller Welt, in olympischen und nichtolympischen Bootsklassen, in der Außenförde ihre Regatten aus. Die jährlich zu erwartenden drei Millionen Besucher vergnügen sich auf dem größten Volksfest Nordeuropas, flanieren auf der Kiellinie, machen auf dem internationalen Markt eine kulinarische Reise um die Welt oder erleben die Regatten hautnah bei den Begleitfahrten. Die Auswahl aus dem umfangreichen und zum größten Teil kostenfreien Kulturprogramm fällt schwer, die überall in der Stadt aufgebauten Bühnen locken mit Konzerten und klangvollen Namen für jeden Geschmack.

Seit einigen Jahren ist die »Balloon-Sail« ein weiteres Highlight der Kieler Woche, ein Treffen der verschiedensten Heißluftballone, die bei gutem Wetter gegen Abend über Kiel schweben oder in der Dunkelheit ein Lichterballett nach musikalischer Choreografie vorführen. Ein weiterer Höhepunkt ist zweifellos das Auslaufen der Großsegler am zweiten Samstag

**Die Traditionssegler sind auf der Kieler Woche zu Gast und treffen sich zur Windjammerparade. – Im Hintergrund die Nikolaikirche.**

zur großen Windjammerparade, das mehr als 100 000 »Sehleute« von Land und vom Wasser aus beobachten. Den Abschluss bildet das umfangreiche Feuerwerk am letzten Sonntag. Man geht dann mit der Gewissheit nach Hause, dass es im nächsten Jahr wieder eine Kieler Woche geben wird. Im Jahr 2015 konnte die Veranstaltung sogar mit rekordverdächtigen 3,8 Millionen Besuchern aufwarten.

## *Ausblick*

Kiel als Landeshauptstadt hat heute mit vielfältigen Problemen wie maroder Infrastruktur, demografischem Wandel und unzureichender finanzieller Ausstattung zu kämpfen, ein Schicksal, das es mit vielen anderen Städten in Deutschland teilt.

Trotzdem soll die Stadt günstigen Wohnraum vorhalten, die Innenstadt attraktiv gestalten, die Bildungslandschaft zukunftsfähig machen und den steigenden Zuzug von der Fläche in die Stadt und von Flüchtlingen bewerkstelligen. Kiel erwartet nach aktueller Hochrechnung in den nächsten zehn Jahren eine Steigerung der Einwohnerzahl um 10 000 auf dann mehr als 250 000.

Viele Projekte sind in Planung, schon auf den Weg gebracht oder stehen vor dem Abschluss. In den nächsten Jahren werden einige zentrumsnahe Wohnprojekte fertiggestellt sein, die die Innenstadt beleben werden, so an der alten Feuerwache, im neuen Schlossquartier oder am Germaniahafen. Der zentrale Omnibusbahnhof, seit 1972 nur als Provisorium gedacht, hat bis 2014 durchgehalten und wird durch eine neue Anlage inklusive Hotel und Parkhaus bis 2018 ersetzt. Im selben Jahr soll das neue Sport- und Freizeitbad an der Hörn fertig sein. Mit der Umsetzung des Projekts »Kleiner Kiel-Kanal«, mit dem zumindest die optische Wiederherstellung der Wasserverbindung zwischen Bootshafen und Kleinem Kiel gemeint ist, hoffen Gewerbe und Verwaltung auf Steigerung von Attraktivität, Aufenthaltsqualität und Umsatz in der Innenstadt. Hier ist eine Fertigstellung für 2018/19 geplant.

Weitere Projekte sind ein dringend erforderlicher neuer Kraftwerksbau auf dem Ostufer, die Entwicklung der durch den Wegzug des Marinefliegergeschwaders 5 in Kiel-Holtenau freigewordenen Liegenschaften und der Ausbau des Campus der Universitätsklinik. Geradezu visionär sind die Bewerbung und der 2015 erfolgte Zuschlag für Kiel zur Ausrichtung der Segelolympiade 2024, für den Fall, dass sich Hamburg 2017 gegen die Mitbewerber als Olympia-Stadt durchsetzt. Dann hätte die Stadt Kiel zum dritten Mal in seiner Geschichte die Gelegenheit, ihre Segelkompetenz, Weltoffenheit und ihr Organisationstalent unter Beweis zu stellen. Eine schöne Aussicht für die über 770 Jahre alte Stadt an der Förde!

# Zeittafel

| | |
|---|---|
| Nach 1236 | Gründung der Holstenstadt auf der Halbinsel an der Kieler Förde |
| 1242 | Verleihung der Stadtrechte |
| 1283 | Kiel wird Hansestadt und erhält Zugang zum Schonener Heringsmarkt |
| 1362 | Beitrag zu den Hansekriegen |
| 1460 | Vertrag von Ripen |
| 1469 | Verpfändung Kiels an Lübeck (1496 Auslösung) |
| 1518 | »Verhansung« und Ausschluss aus dem Hansebund |
| 1526/27 | Beginn der Reformation |
| 1542 | neue Kirchenordnung |
| 1544 | Landesteilung, Kiel gehört zum herzoglich-gottorfschen Teil |
| 1562–80 | Neubau des Schlosses |
| 1575 | Besiedelung der Vorstadt außerhalb der Altstadtinsel |
| 1627 | Besetzung Kiels im Dreißigjährigen Krieg durch die Truppen Wallensteins |
| 1632–38 | Bau der Persianischen Häuser am Alten Markt |
| 1633–39 | zwei Expeditionen nach Russland und Persien durch Herzog Friedrich III. |
| 1652 | Verleihung der Universitätsprivilegien durch Kaiser Ferdinand III. |
| 1665 | Gründung und Einweihung der Kieler Universität durch Herzog Christian-Albrecht |
| 1688–1720 | Asmus Bremer wird Bürgermeister und verfasst die erste Chronik der Stadt |
| 1727 | Geburt Herzog Carl Peter Ulrich von Holstein-Gottorf, des späteren Zaren Peter III. von Russland, im Kieler Schloss |
| 1768 | Neubau des Universitätsgebäudes in der Kattenstraße |
| 1773 | Herzogtum Holstein und Kiel werden Teil des dänischen Gesamtstaates |
| 1777–84 | Bau des Schleswig-Holstein Kanals (Alter Eider-Kanal) |
| 1793 | Gründung der Gesellschaft freiwilliger Armenfreunde |
| 1796 | Gründung der Kieler Spar-und Leihkasse |
| 1800 | Gründung der Gesellschaft »Harmonie« |
| 1814 | Kieler Frieden |
| 1822 | Einrichtung der Seebadeanstalt in Düsternbrook |
| 1832 | Bau der ersten Kunststraße nach Altona |
| 1838 | Gründung der Maschinenfabrik und Eisengießerei Schweffel & Howaldt |
| 1844 | erste Eisenbahnverbindung zwischen Kiel und Altona |
| 1848 | Ausrufung der provisorischen Regierung im Rathaus auf dem Alten Markt |
| 1850 | Bau des ersten U-Bootes »Brandtaucher« von Wilhelm Bauer |

| | |
|---|---|
| 1855/56 | öffentliche Beleuchtung durch 320 Gaskandelaber |
| 1863–68 | Deutsch-Dänische Kriege |
| 1865 | Verlegung der preußischen Flotte von Danzig nach Kiel |
| 1869 | Eingemeindung: Brunswik |
| 1871 | Kiel wird Reichskriegshafen |
| 1882 | Beginn der regelmäßigen Segelregatten, seit 1894 als »Kieler Woche« bekannt |
| 1893 | Eingemeindung: Wik |
| 1895 | Einweihung des neuen »Kaiser Wilhelm Kanals« |
| 1901 | Stadterweiterungsplan von Josef Stübben; Eingemeindung: Gaarden-Ost |
| 1907 | Einweihung des Stadttheaters |
| 1907–11 | Bau des neuen Rathauses am Neumarkt |
| 1909 | Eingemeindung: Projensdorf |
| 1910 | Eingemeindung: Gaarden-Süd, Hassee, Ellerbek, Wellingdorf, Hasseldieksdamm |
| 1914–18 | Eintritt in den I. Weltkrieg, Streiks und Hungerunruhen |
| 1918 | Matrosenaufstand und Einrichtung von Arbeiter- und Soldatenräte; der Kaiser dankt ab |
| 1920–33 | Oberbürgermeister Emil Lueken |
| 1920/21 | erste Nordische Messe und Woche für Kunst und Wissenschaft |
| 1922 | Stadtentwicklung unter Willy Hahn; Eingemeindung: Holtenau, Friedrichsort |
| 1923 | Eingemeindung: Kronsburg |
| 1924 | Eingemeindung: Neumühlen-Dietrichsdorf |
| 1927 | Grundsteinlegung des Marine-Ehrenmals in Laboe |
| 1928 | Barlachs »Geistekämpfer« vor der Klosterkirche |
| 1933 | Übernahme des Rathauses durch die NSDAP; Ermordung von Wilhelm Spiegel |
| 1936 | Ausrichtung der Segelolympiade in der Innenförde; Einweihung des Marine-Ehrenmals |
| 1939 | Eingemeindung: Elmschenhagen, Kroog |
| 1939–45 | Zweiter Weltkrieg, schwere Zerstörung der Stadt durch 90 Luftangriffe |
| 1945 | Übergabe Kiels an die britische Besatzungsmacht |
| 1946–54 | Oberbürgermeister Andreas Gayk; Kiel wird Landeshauptstadt |
| 1948 | Eröffnung des Seefischmarktes; erste Kieler Woche nach dem Krieg |
| 1950 | letzte Sprengungen; Aufbau einer Friedenswirtschaft |
| 1956 | Eröffnung der ersten Fußgängerzone Deutschlands |
| 1958 | Eingemeindung: Suchsdorf |
| 1959 | Eingemeindung: Schilksee |
| 1961/2 | Aufnahme des Fährverkehrs nach Oslo und Bau des Oslokais |
| 1963 | Eingemeindung der Siedlungsstelle Mettenhof |

| | |
|---|---|
| 1965 | Bau des neuen Stadtteils »Mettenhof«, neues Campusgelände für die Universität am Westring |
| 1967 | Fährverbindung nach Göteborg, Fusion der Howaldtswerft mit den Deutschen Werken |
| 1970 | Ida Hinz wird erste Stadtpräsidentin Deutschlands in Kiel; Eingemeindung: Russee, Meimersdorf, Moorsee, Wellsee, Rönne |
| 1972 | Ausrichtung der Segelolympiade in Kiel-Schilksee; Erweiterung des Uni-Geländes in die Fläche; Autobahnanbindung |
| 1974 | Inbetriebnahme einer Gondelbahn in der Innenstadt |
| 1978/79 | Schneekatastrophe |
| 1985 | Abschaffung der Straßenbahn |
| 1988 | Hausbesetzungen und Bau des Einkaufszentrums »Sophienhof« |
| 1990–2010 | Umstrukturierung und Neuausrichtung der Marine |
| 1991 | Ausbau des Ostuferhafens |
| 1993 | erste Ministerpräsidentin des Landes Schleswig-Holstein Heide Simonis |
| 1994 | Kiel wird Klimaschutzstadt |
| 1997 | neuer Terminal für die Kreuzfahrt-Fähren nach Oslo auf dem Ostufer und Einweihung der Drei-Feld-Zug-Klappbrücke |
| 2003–09 | Kiel bekommt mit Angelika Volquartz die erste weibliche Oberbürgermeisterin |
| 2004 | Beitritt zur Alianza del Clima; Verpflichtung zur Umsetzung der Klimaschutzziele Deutschlands |
| 2007 | Einweihung des neuen Kreuzfahrtterminals am Ostseekai; Gewinn des Stadtentwicklungswettbewerbs »Entente Florale« |
| 2008 | Auszeichnung als »Ort der Vielfalt« |
| 2012 | die Kieler Meeresforschung fusioniert mit der marinen Geowissenschaft und wird in »Geomar-Helmholtz-Zentrum für Ozeanforschung« umbenannt |
| 2015 | Festjahr anlässlich des 350. Jubiläums der Christian-Albrechts-Universität; Kiel ist im Ranking der fahrradfreundlichsten Städte ab 200 000 Einwohnern an sechster Stelle |

# Kiel in Kürze

| | |
|---|---|
| Gründung: | in der 1. Hälfte des 13. Jhs. von Adolf IV. gegründet |
| Bundesland: | Schleswig-Holstein |
| Stadtgliederung: | 18 Ortsbezirke, 30 Stadtteile |
| Fläche: | 118,5 $km^2$ |
| Einwohner: | 241.533 (Dez. 2013) |
| Bevölkerungsdichte: | 2036 $EW/km^2$ |

## Internetadressen

www.kiel.de (Offizielle Website)
www.kiel-kreuzfahrt.de
www.kiel-marketing.de
www.kiel-sailing.city.de
www.kiel-travel.de
www.kieler-woche.de
www.museen-am-meer.de
www.stenaline.de (Fähre nach Göteborg)
www.colorline.de (Fähre nach Oslo)
www.sh-landtag.de
www.theater-kiel.de
www.uksh.de (Universitätsklinikum)
www.uni-kiel.de

## Städtepartnerschaften

Brest (Frankreich) 1964
Coventry (Großbritannien) 1967
Vaasa (Finnland) 1967
Gdingen (Polen) 1985
Tallin (Estland) 1986
Stralsund (Mecklenburg-Vorpommern) 1987
Kaliningrad (Königsberg, Russland) 1992
Sowjetsk (Tilsit, Russland) 1992
Samsun (Türkei) 2012
Antakya (Türkei) Schwesterstadtvertrag 2012
Moshi-Rural (Tansania) 2013

# Bildnachweis

Fotolia.de: 158 (Uwe Lütjohann)
Landeshauptstadt Kiel, Stadtvermessungsamt Geodatenservice, Heiko Weber: Stadtplan
Manuela Junghölter: 17, 25, 29, 35, 37, 44, 50, 84, 93, 100, 106, 108, 111, 116, 122, 126, 130, 131, 134, 135, 136, 138, 151
Stadtarchiv Kiel: 19, 49, 65, 76, 81, 86, 104, 118, 143, 145, 147

# Oberbürgermeister seit 1867

| | |
|---|---|
| 1867–88 | Heinrich Mölling (1825–88) |
| 1888–1915 | Paul Fuß (1844–1915) |
| 1912–19 | Paul Lindemann (ca. 1871–1924) |
| 1920–33 | Emil Lueken (1879–1961) |
| 1933–45 | Walter Behrens (1889–1977) |
| 1945–46 | Max Ehmke (1882–1982) |
| 16.2.–11.3.1946 | Otto Tschadek (1909–69) |
| 11.3.–18.10.1946 | Willi Koch (1903–68) |
| 18.10.1946–1954 | Andreas Gayk (1893–1954) |
| 1955–65 | Hans Müthling (1901–78) |
| 1965–80 | Günter Bantzer (*1921) |
| 1980–92 | Karl-Heinz Luckhardt (*1932) |
| 1992–96 | Otto Kelling (*1949) |
| 1996–97 | Karl-Heinz Zimmer (*1937) |
| 1997–2003 | Norbert Gansel (*1940) |
| 2003–09 | Angelika Volquartz (*1946) |
| 2009–12 | Torsten Albig (*1963) |
| 2012–13 | Susanne Gaschke (*1967) |
| seit 2014 | Ulf Kämpfer (*1972) |

# Stadtpräsidenten seit 1950

| | |
|---|---|
| 1950–51 | Peter Jeschke (1895–1979) |
| 1951–55 | Max Schmidt (1895–1955) |
| 1955–59 | Wilhelm Sievers (1896–1966) |
| 1959 | Hans Carl Rüdel (1906–1976) |
| 1959–70 | Hermann Köster (1911–1978) |
| 1970–74 | Ida Hinz (1904–1986) |
| 1974–78 | Eckhardt Sauerbaum (*1938) |
| 1978–82 | Rolf Johanning (*1940) |
| 1982–85 | Eckhardt Sauerbaum (*1938) |
| 1985–86 | Günther Schmidt-Brodersen (*1940) |
| 1986–98 | Silke Reyer (1940–2011) |
| 1998–2003 | Cathy Kietzer (*1943) |
| 2003–05 | Arne Wulff (*1958) |
| 2005–08 | Rainer Tschorn (*1947) |
| 2008–13 | Cathy Kietzer (*1943) |
| seit 2013 | Hans-Werner Tovar (*1948) |

# Literatur

*Alberts, Klaus*: Der Traum vom Nord-Ostsee-Kanal, Boyens Verlag, 2014.

*Auge, Oliver, Piotrowski, Swantje*: Gelehrte Köpfe an der Förde, Kieler Professorinnen und Professoren in Wissenschaft und Gesellschaft seit Universitätsgründung 1665, Verlag Ludwig, Kiel 2014.

*Beier, Dörte*: Kiel in der Weimarer Republik, Verlag Ludwig, Kiel 2004.

*Berkefeld, Henning*: Kiel in alten und neuen Reisebeschreibungen, Droste Verlag, Düsseldorf 1992.

*Eckardt, Johann H.*: Alt-Kiel in Wort und Bild, Kiel 1899, Nachdr. Wachholtz Verlag, Neumünster 1975.

*Elkar, Rainer S.*: Studieren in Kiel, eine historisch-politische Zeitreise von den Anfängen bis zur Gegenwart, Husum-Verlagsgruppe, Husum 2015.

*Gaethke, Birte, Jungölter, Manuela*: Wo Mauerblumen blühen –Jugendstilfliesen in Kieler Hauseingängen, Husum Verlag 2005.

*Gaethke, Birte, Junghölter, Manuela*: Zwischen Krise und Kommerz, Kiel als Messestadt in den Zwanzigerjahren, Husum Verlag 2011.

*Gaethke, Birte, Junghölter, Manuela, Looft-Gaude, Ulrike*: Bunte Steine, buntes Glas – Fliesen, Terrazzo und Glasfenster um 1900, Husum Verlag 2008.

*Geckeler, Christa (Hrsg.)*: Erinnerungen an Kiel in Dänischer Zeit 1773–1864, Husum Verlag 2012.

*Geckeler, Christa (Hrsg.)*: Erinnerungen an Kiel in der Kaiserzeit 1871–1918, Husum Verlag 2011.

*Geckeler, Christa (Hrsg.)*: Erinnerungen an Kiel zwischen den Weltkriegen 1918–1945, Husum Verlag 2007.

*Gloy, Arthur*: Aus Kiels Vergangenheit und Gegenwart, unv. Nachdr. der Ausgabe von 1925, Verlag Wolfgang Weidlich, Frankfurt/M. 1979.

*Grönhoff, Johann*: Litzenbrüder, Prachervögte und andere vergessene Berufe im alten Kiel, Verlag Walter G. Mühlau, Kiel 1966.

*Gutmann, Herrmann*: Kieler Geschichte(n), Ein bisschen durch die Jahrhunderte geschmunzelt, Bremen 2006.

*Herbst, Hans-Joachim*: Kieler Jahrbuch 1972, Verlag Colmorgen &Co., Kiel 1972.

*Hering, Rainer, Schmidt, Christina*: Prinz Heinrich von Preußen – Großadmiral, Kaiserbruder, Technikpionier, Wachholtz Verlag, Neumünster 2013.

*Istel, Werner, Rost, Alexander*: Die Kieler Woche, Koehlers Verlagsgesellschaft, Hamburg 1996.

*Jensen, Jürgen, Rickers, Karl (Hrsg)*: Andreas Gayk und seine Zeit 1893–1954, Mitteilungen der Gesellschaft für Kieler Stadtgeschichte, Bd. 61, Wachholtz Verlag, Neumünster 1974.

*Jensen, Jürgen*: Asmus Bremer – eine Auswahl aus dem Chronicon Kiliense tragicum curiosum 1432–1717, Wachholtz Verlag, Neumünster 1978.

*Jensen, Jürgen*: Alt-Kiel und die Kieler Altstadt, Verlag Boyens, Heide 1998.

*Jensen, Jürgen, Wulf, Peter*: Geschichte der Stadt Kiel, Wachholtz Verlag, Neumünster 1991.

*Kaufmann, Gerhard*: Das alte Kiel – von der Gründung bis an die Schwelle zur Gegenwart, Hans Christians Verlag, Hamburg 1975.

*Kinzler, Sonja (Hrsg)*: Der Kieler Frieden 1814 – ein Schicksalsjahr für den Norden, Wachholtz Verlag, Neumünster 2013.

*Klewien, Ferdinand*: Vom frühen Kiel, Verlag Michael Jung, Kiel 1985.

*Ders.*: Aus Kiels Stadtgeschichte, Verlag Michael Jung, Kiel 1986.

*Ders.*: Stadtbummel durch Alt-Kiel, Verlag Michael Jung, Kiel 1989.

*Kunsthalle zu Kiel, Sammlung und Baugeschichte, Hrsg. Finanzminister des Landes Schleswig-Holstein u. d. Landesbauverwaltung, Christians Verlag, Hamburg 1986.*
*Lafrenz, Deert*: Das Kieler Schloss, Der Fürstensitz Herzog Adolfs von Gottorf in Kiel, Christians Verlag, Hamburg 1987.
*Magistrat der Stadt Kiel (Hrsg.)*: Kiel – Bürger bauen eine neue Stadt, Kiel o. J.
*Manitz, Bärbel, Andresen, Hans-Günther*: Kieler Kunst-Keramik, Wachholtz Verlag, Neumünster 2004.
*Paravicini, Werner (Hrsg.)*: Begegnungen mit Kiel-Gabe der Christian-Albrechts-Universität zur 750-Jahr-Feier der Stadt, Wachholtz Verlag, Neumünster 1992.
*Ostersehlte, Christian*: Schiffbau in Kiel, kleine Werftgeschichte von den Anfängen bis zur Gegenwart, Husum Verlag 2014.
*Paczkowski, Rothert, Schubert-Riese (Hrsg.)*: » ... wird die fernste Zukunft danken«, Festschrift für Jürgen Jensen, Wachholtz Verlag, Neumünster 2004.
*Rackwitz, Martin*: Kieler Tagebücher aus dem Vormärz und der S-H-Erhebung, Verlag Boyens, Heide 2008.
*Rackwitz, Martin*: Kriegszeiten in Kiel – Alltag und Politik an der Heimatfront 1914–1918, *Verlag Ludwig, Kiel 2013.*
*Reischuk, Karl-Heinz*: Die Geschichte eines Hangars – 50 Jahre Kieler Ostseehalle, Hrsg. Ostseehalle Kiel Betriebsgesellschaft, PWA Verlagsprojekte, Hamburg 2001.
*Rönnau, Jens*: Open Air Galerie, Kunst und Denkmäler in Kiel und Umgebung, Verlag Wachholtz, Neumünster 2011.
*Rothert, Hans-F. (Hrsg.)*: Kieler Lebensläufe aus sechs Jahrhunderten, Verlag Wachholtz, Neumünster 2006.
*Scharnweber, Werner*: Kieler Sprotten aus Eckernförde, Ellerbek und Kiel, Edition Temmen, Bremen 2013.
*Schauenburg, Brigitte (Hrsg.)*: 750 Jahre Kiel, Beiträge zur Geschichte und Gegenwart der Stadt, Walter G. Mühlau Verlag, Kiel 1992.
*Scherreiks, Sandra, Tillmann, Doris (Hrsg.)*: Die Welt in Sammlungen, 50 Jahre Kieler Stadtmuseum, Verlag Ludwig, Kiel 2015.
*Schlee, Ernst*: Kulturgeschichtliches Bilderbuch vom alten Kiel, Verlag Walter G. Mühlau, Kiel 1977.
*Selk, Paul*: Kieler Anekdoten, Husum Verlag 1984.
*Sievers, Kai, Stukenbrock, Detlev*: Christliches Wohlwollen und braver Bürgersinn, Festschrift zum 200-jährigen Bestehen der Gesellschaft freiwilliger Armenfreunde, Wachholtz Verlag, Neumünster 1993.
*Tillmann, Doris, Erlenbusch, Timo*: Arbeiten für's Wirtschaftswunder, Branchen, Betriebe und Beschäftigte in Kiel in den 1950er und 60er Jahren, Boyens Verlag, Heide 2009.
*Tillmann, Doris, Rosenplänter, Johannes (Hrsg.)*: Kiel Lexikon, Wachholtz Verlag Neumünster, 2011.
*Vieland, Maike*: 100 Jahre Tourismus in Kiel und an der Förde, Hrsg. Tourist Information Kiel e. V., Kiel 1998.
*Witt, Jann M.*: Von Schwarz-Rot-Gold zu Schwarz-Rot-Gold, eine kurze Geschichte der deutschen Marinen von 1848 bis heute, Schriftenreihe der Deutschen Maritimen Akademie, Bd. 1 (Hrsg.), 2014.
*125 Jahre Kieler Howaldtswerke*: Hrsg. Howaldtswerke Aktiengesellschaft, Kiel, Karl-Heinz Wedekind, Hamburg, 1963.

# Register

## Ortsregister (Kiel)

## Ortsregister (allgemein)

## Personen

## Schlagworte

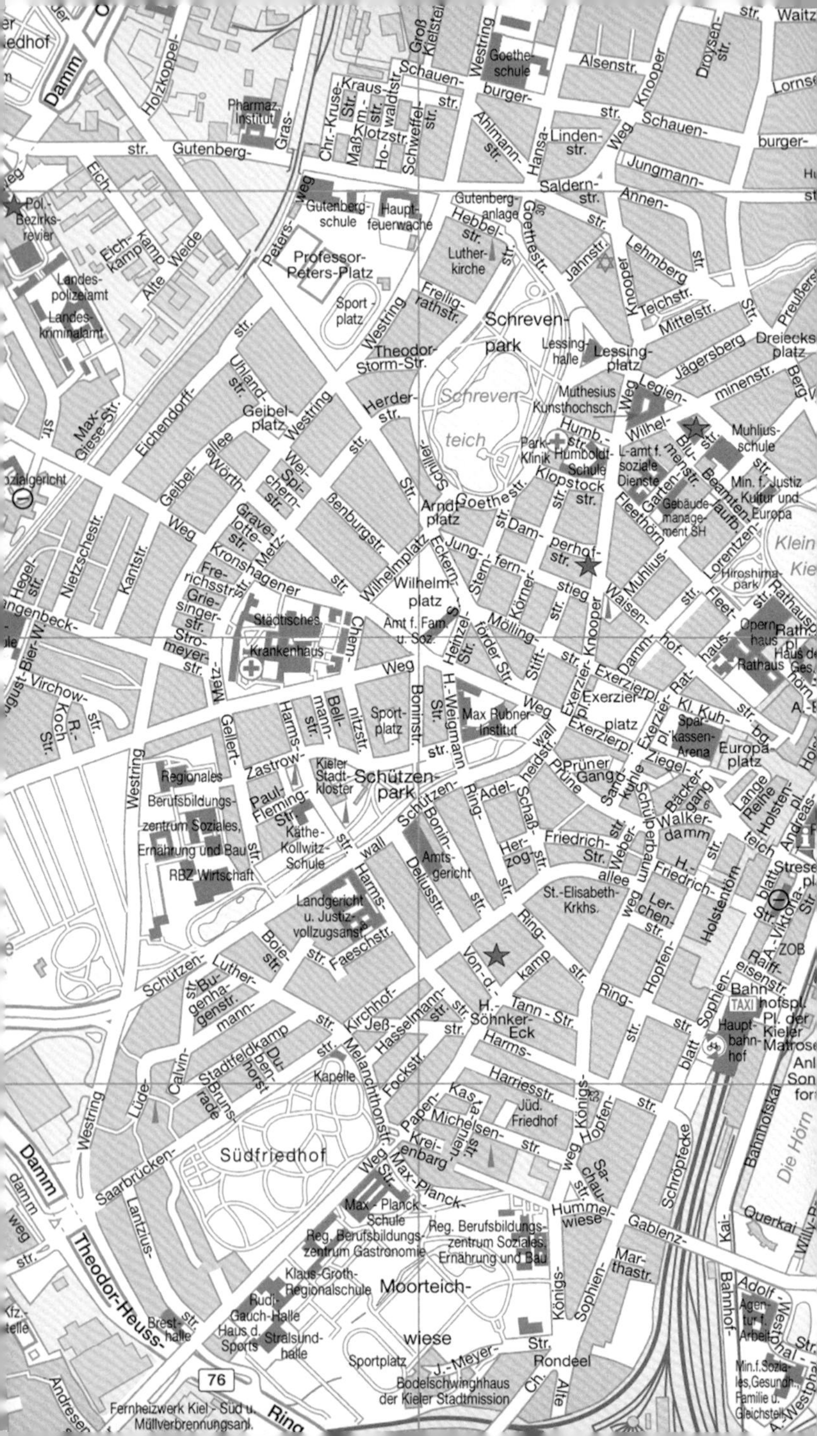

Friedhof
Damm
Holzkoppel-
Pharmaz. Institut
Gras-
Chr.-Kruse-Str.
Kraus-str.
Maß-Km.-str.
Klotzstr.
Ho-waldtstr.
Schweffel-str.
Groß Kielstein
Schauen-
Westring
Goetheschule
burger-str.
Alsenstr.
Knooper
Droysen-str.
Waitz
Lornse
Ahlmann-str.
Hansa-
Linden-str.
Schauen-
burger-
Weg
Jungmann-
Gutenberg-
str.
Eich-
Saldern-str.
Annen-
Pol.-Bezirks-revier
Gutenberg-schule
Haupt-feuerwache
Gutenberg-anlage
Hebbel-str.
Goethestr.
Luther-kirche
Jahnstr.
Lehmberg
str.
Peters-weg
Professor-Peters-Platz
Sport-platz
Eich-kamp
kamp
Alte Weide
Landes-polizeiamt
Landes-kriminalamt
Freilig-rathstr.
Westring
Theodor-Storm-Str.
Schreven-park
Lessing-halle
Lessing-platz
Teichstr.
Mittelstr.
Str.
Preußer
Jägersberg
Dreiecks-platz
Uhland-str.
Eichendorff-
Geibel-platz
Westring
Herder-str.
Schreven-teich
Muthesius Kunsthochsch.
Legien-
minenstr.
Berg
Max-Giese-Str.
str.
Schiller-
Park-Klinik
Humb.-str.
Humboldt-Schule
L-amt f. soziale Dienste
Wilhel-
Blu-menstr.
Muhlius-schule
Sozialgericht
Geibel-allee
Wörth-
Wei-Spi-chern-str.
Str.
Arndt-platz
Goethestr.
Klopstock str.
Garten-str.
Beamten-laufb.
Gebäude-manage-ment SH
Min. f. Justiz Kultur und Europa
Kantstr.
Nietzschestr.
Hegel-str.
Weg
Grave-lotte-str.
Kronshagener
Metz-
Benburgstr.
Wilhelmplatz
Eckern-
Jung-
fern-
Dam-
perhof-str.
Fleethörn
Lorentzen-
Klein
Kie
Fre-richsstr.
Gries-singer-str.
str.
Wilhelm-platz
Stern-
Körner-
stieg
Muhlius-
Hiroshima-park
Rathaus
Langenbeck-
Stro-meyer-str.
Städtisches Krankenhaus
Chem-
Amt f. Fam. u. Soz.
Heinze-Str.
Mölling-
förder Str.
Stift-
str.
Knooper
Waisen-
Damm-
hof-
Fleet-
haus-
Opern-haus
Rathaus
Rath.-pl.
Haus d. Ges.
August-Bier-W.
Virchow-
Koch-Str.
R.-
str.
Metz-
Weg
Boninstr.
H.-Weigmann
Str.
Exerzier-
Exerzierpl.
Exerzier-platz
Rat-
Kl. Kuh-
str.
Westring
Gellert-
Harms-
Bell-mann-str.
nitzstr.
Sport-platz
Max Rubner Institut
Weg
wall
Spar-kassen-Arena
Europa-platz
Regionales Berufsbildungs-zentrum Soziales, Ernährung und Bau
RBZ Wirtschaft
Zastrow-
Paul-Fleming-Str.
Käthe-Kollwitz-Schule
Kieler Stadt-kloster
Schützen-park
Schützen-
Bonin-
Ring-
Adel-
Schaß-
heidstr.
Prüner Gang
Prüne
Sand-kuhle
Schülperbaum
Ziegel-
Bäcker-gang
Walker-damm
Lange Reihe
Holsten-
Andreas-pl.
str.
wall
Harms-
Amts-gericht
Deliusstr.
Her-zog-str.
Friedrich-Str.
Weber-
allee
St.-Elisabeth-Krkhs.
H.-Friedrich-
Holstentörn
Strese-pl.
Landgericht u. Justiz-vollzugsanst.
Faeschstr.
Boie-str.
Ring-
kamp
Von-d.-Tann-Str.
Ler-chen-str.
weg
Hopfen-
A.-Viktoria-Str.
ZOB
Raiff-eisenstr.
Schützen-
Luther-
Bu-genha-genstr.
mann-
Kirchhof-
Jeß-
Hasselmann-str.
H.-Söhnker-Eck
Ring-
str.
Sophien-blatt
Bahnhofspl.
Pl. der Kieler Matrosen
Haupt-bahn-hof
Stadtfeldkamp
Du-ben-horst
Calvin-
Lüde-
Bruns-rade
Melanchthonstr.
Kapelle
Fockstr.
Harms-
Harriesstr.
Jüd. Friedhof
Kas-tanien-
Papen-
Michelsen-
Kreien-barg
str.
Königs-weg
Hopfen-
Schröpfecke
Bahnhofskai
Die Hörn
Westring
Damm
damm
weg
Südfriedhof
Saarbrücken-
Weg
Max-Planck-Str.
Max-Planck-Schule
Reg. Berufsbildungs-zentrum Gastronomie
Reg. Berufsbildungs-zentrum Soziales, Ernährung und Bau
Hummel-wiese
Sar-chau-str.
Gablenz-
Querkai
Kai-
Lantzius-
Theodor-Heuss-
Klaus-Groth-Regionalschule
Moorteich-wiese
Mar-thastr.
Königs-
Sophien-
Bahnhof-
Adolf-Westring
Agentur f. Arbeit
Brest-halle
Rudi-Gauch-Halle
Haus d. Sports
Stralsund-halle
Sportplatz
J.-Meyer-
Str.
Rondeel
Alte
Ch.
Min. f. Soziales, Gesundh., Familie u. Gleichstell.
76
Andresen
Fernheizwerk Kiel - Süd u. Müllverbrennungsanl.
Ring
Bodelschwinghhaus der Kieler Stadtmission

KIELER HAFEN
Sporthafen
Anl.-St. Reventloubrücke
Universitätsbrücke
Sporthafen Seeburg
Anl.-St. Seegartenbrücke
Museumsbrücke
Fischhalle (Schifffahrtsmus.)
GEOMAR Aquarium
Alter Botan. Garten
Universitätsklinikum
Kinderklinik
Kunsthalle
Schloss
NDR
Alter Markt
Klosterplatz
Alte Feuerwache
Schloßgarten
Min. f. Bildung u. Wissen
Finanzamt Kiel-Süd
Finanzmin.
schutzpolizei
Kiellinie
Düsternbrooker
Ostseekai
Sartorikai
Schwedenkai
Hohenbergstr.
Schwanenweg
Kl.-Groth-Platz
Michaelisstr.
Hospitalstr.
Werft
Ostuferbahn
Eller
Volkspark
Theater im Werftpark
Blaschke-Sportplatz
Techn. Fakultät der Uni (CAU)
Neuapostolische Kirche
Jugendherberge
Alfons-Jonas-Pl.
Vinetaplatz
Bahide-Arslan-Pl.
Gustav-Schatz-Hof
Ostring
Umspannwerk
Gerhart-Hauptmann-Schule
Hans-Mohr-Platz
Sommerbad Katzheide
Gdyniahalle
Hans-Geiger-Gymnasium
H.-Chr.-Andersen-Schule
Sporthalle
Baukampfbahn
Gaarden-Ost
502
Feuerwache Ost
Coventryhalle
Kiel - Schulen am Langsee
Fridtjof-Nansen-Schule
RBZ Technik
Kieler Verkehrsgesellschaft
Gaardener Brücke
Karlstal
Wilhelmstr.
Preetzer Str.
Iltishalle
Werftstr.
Augustenstr.
Johannesstr.
Pastor-Gosch-Weg
Wikingerstr.
Kaiserstr.
Stoschstr.
Medusastr.
Helmholtzstr.
Gaußstr.
Röntgenweg
Jachmannstr.
Pickertstr.
Bothwellstr.
V.-der-Groeben-Str.
Ernestinenstr.
Erich-Kästner-Str.
Dockshöhe
Hollwisch
Sörensenstr.
Poppenrade
Röhbarg
Posadowskystr.
Klausdorfer Weg
Graba-str.
Hügelstr.
Sandkrug
Norddeutsche Str.
Jägerstr.
Johannsenweg
Zur Fähre
Elisabethstr.
Kirchenstr.
Mühlenweg
Reeperbahn
G.-Pfingsten-Str.
Steinmarderweg
Gazellestr.
Iltisstr.